Heike Burkhard

Glücksorte in Mittelfranken

Fahr hin und werd glücklich

Droste Verlag

Danksagung

Für ihre Unterstützung bedanke ich mich herzlich bei Kathrin Antal,
Thomas Eckert, Walter Friedel, Brigitte Hanek-Ures, Klaus-Dieter Heumann,
Sabine Hofmann, Bernd Jordan, Anna Kaerlein-Seip, Sabine Keilwerth,
Barbara Krasemann, Karin Krauter, Margit Leimberger, Andrea Lipka,
Ethel Machnitzky-Baron, Carolina Martínez, Bettina Oswald, Ingo Paulke,
Sabine Puskeiler, Michael Raabe, Matthias Schamel, Ilona Schneider,
Angelika Stegmayer, Maximilian Vieweg, Susanne Wichary, Karsten Wiese,
Michael Zickwolf und den Museen und Tourismuseinrichtungen, die mir mit
Bildern und Informationen weitergeholfen haben.
Besonderen Dank an Dietmar Bruckner für seine Geduld und seine Begleitung.

Dieses Buch gehört
....
....

Liebe Glücksuchende,

„sabberlodd, dou is fei schäi!" So klingt es, wenn ein Mittelfranke seinen Glücksort gefunden hat. Damit auch Sie Ihr Glück in Mittelfranken finden können, habe ich mich auf die Suche gemacht, kreuz und quer durch den Regierungsbezirk. Fündig geworden bin ich natürlich in den großen Städten Nürnberg, Fürth, Erlangen und Ansbach. Und nicht ohne Grund locken Orte wie Rothenburg und Dinkelsbühl Touristen aus aller Welt an. Aber auch auf dem Land findet man Glücksorte, obwohl sie manchmal nicht auf den ersten Blick zu erkennen sind. Viele kleinere und größere Bühnen wie die „Glückserei" in Lauf gehören dazu. Gasthäuser, Brauereien, Weingüter und Chocolaterien wie das „Grand Cru" bieten kulinarische Glücksmomente. Gärten und Naturschönheiten können ebenso glücklich machen wie Museen, Burgen und Schlösser. Nicht zuletzt werden Orte der Besinnung und Ruhe zu Glücksorten. Ich hoffe, dass für jeden Glücksucher ein Plätzchen dabei ist, und wünsche viel Freude beim Entdecken persönlicher Glücksorte.

Ihre Heike Burkhard

Deine Glücksorte ...

4

... noch mehr Glück für dich

Der Berch ruft

Bergkirchweih in Erlangen

In jedem Frühjahr werden die Erlanger vom „Berch"-Fieber erfasst und warten sehnsüchtig auf Pfingsten. Wenn dann die Stadtbusse Fähnlein tragen, weiß jeder: Es ist so weit: Der „Berch" ruft!

Der Berch, das ist die fränkische Kurzform für die Bergkirchweih, die alljährlich, und das seit über 250 Jahren, vom Donnerstag vor Pfingsten zwölf Tage lang das Leben in Erlangen verändert.

Welche Bedeutung der Berch für das Leben der Stadt hatte und hat, ist daran zu erkennen, dass es bis 1999 für die Erlanger Studenten eine Woche „Bergferien" gab, weil ein geregelter Vorlesungsbetrieb mit den bierseligen Studenten (und Professoren?) nicht möglich war. Dann siegte die Priorität von Wissenschaft und Lehre, und man reduzierte die Ferienwoche auf den vorlesungsfreien Dienstag. Das ist ohnehin der Tag der Erlanger auf dem Berg. Ämter, Betriebe und die meisten Geschäfte bleiben am Nachmittag des „Kerwadienstags" geschlossen, und die arbeitsbefreiten Massen ziehen mit fröhlichen und erwartungsvollen Gesichtern ab Mittag in Richtung Berg.

TIPP *Führungen im Bierkellerlabyrinth des Entlaskellers: Sonntag 11 Uhr (April bis September).*

Am Ende der Bergstraße muss erst mal eine Entscheidung fallen: Nach rechts führt der Weg vorbei an den Schieß- und Losbuden, den Fahrgeschäften mit dem Riesenrad, das einen herrlichen Blick über die gesamte Stadt ermöglicht. Auf dem Weg wird man von einem Wechselduftbad begleitet: Von gebrannten Mandeln bis zur Zuckerwatte, von der Bratwurst bis zum Flammkuchen gibt es alles, was das Herz begehrt. Nach links geht es zum gemütlicheren Teil. Hier sitzen die Leute unter Bäumen auf oder vor den Kellern, aus denen das extra gebraute Kirchweihbier gebracht wird, und genießen die angebotenen Köstlichkeiten. Eine kulinarische Besonderheit sind die Ochsen, die im Ganzen am Spieß gebraten werden. Am Abend, wenn die Kapellen neben- und durcheinander musizieren, was das Zeug hält, Alt und Jung singend auf den Bänken stehen und schunkeln, lässt sich der Alltag herrlich vergessen. Und jeder versteht, warum so viele Menschen dem Ruf des Berges so gern folgen.

● Bergkirchweih, An den Kellern, 91054 Erlangen
● ÖPNV: Bus Nr. 289 Essenbacher Brücke

Alle Vögel sind schon da

② *Vogelinsel bei Muhr am See*

Über einen Holzsteg geht es hinüber zur Vogelinsel. Schon hier schwirren große, in der Sonne schillernde Libellen um den Besucher, dem jetzt bewusst wird, dass dieses Naturschutzgebiet nicht nur Vögeln, sondern auch vielen Pflanzen und Insekten zum Lebensraum geworden ist. Ein Rundweg führt über die Insel und lädt zum Beobachten der Tiere ein. Da stehen sie dann auch mit ihren riesigen Objektiven, die so schwer sind, dass sie auf stabilen Stativen stehen müssen. Die Fotografen dahinter sind kaum noch zu erkennen. Angespannt blicken sie durch den winzigen Kamerasucher und hoffen, den besonderen Vogel vor die Linse zu bekommen, den sie noch nicht in ihrer Sammlung haben. Die Chancen dafür stehen gut, denn auf der über 200 Hektar großen, künstlich angelegten Insel im Altmühlsee fühlen sich über 300 Vogelarten wohl.

Der beste Platz zum Schauen ist – natürlich auch für Nichtornithologen – der große Aussichtsturm. Von hier aus ist erkennbar, dass die Vogelinsel fast die Hälfte des Sees einnimmt. Zum Biotop gehören die freie Seefläche, Flachwasserbereiche, Schilfzonen, Feuchtwiesen und Gebüsch. Natürlich sieht man in diesem idealen Lebensraum alle Arten von Vögeln. Am Ufer steht ein Graureiher, im Wasser schwimmen ein Schwan und jede Menge Gänse. Aber das ist nicht alles. Auf der Insel brüten unter anderem verschiedene Enten, Kiebitz, Brachvogel, Rotschnabel, Bekassine, Haubentaucher, Teichrohrsänger, Blaukehlchen, Lachmöwe, Star, Kuckuck und der seltene Seeadler.

Wer mehr wissen will, kann sich an den Stationen des Lehrpfads über Tiere und Gelände informieren, oder an einer Führung des BLV teilnehmen, die regelmäßig angeboten werden. Wie auch immer man es machen möchte, es gibt viel zu entdecken, vor allem im Frühling, wenn die jungen Vögel ihre ersten Ausflüge machen. Und wer nicht mit einem Riesenteleobjektiv unterwegs sein will: Ein Fernglas macht auf alle Fälle Sinn. Vielleicht entdeckt man ja einen Vogel, der noch nie hier war. Das wäre ein Glück!

◗ **Vogelinsel bei Muhr am See**
◗ **Parkplätze am BLV-Infohaus, Ende der Fichtenstraße, 91735 Muhr am See**
◗ **ÖPNV: Bus 689, Haltestelle Muhr am See Vogelinsel**

10   *Bahnhof!   oa. 2 Std,*

Schokolade macht glücklich

③ *Das Grand Cru in Burgbernheim*

„Ein ganz klein wenig Süßes kann viel Bitteres verschwinden machen", wusste schon Francesco Petrarca im 14. Jahrhundert. Anna Kaerlein-Seip hat sich der Herstellung von Pralinen und Schokolade verschrieben und damit dem Wohlergehen ihrer Mitmenschen. Denn das Süße lässt nicht nur Bitteres verschwinden, sondern aktiviert durch die Energiedichte das Belohnungssystem im Gehirn, dadurch fühlen wir uns gut.

Um so viel Gutes zu erleben, muss man in das kleine Dörfchen Hochbach bei Burgbernheim fahren, denn dort befindet sich das Grand Cru, in dem diese Glücksbringer hergestellt und verkauft werden. Im kleinen Geschäft, schokoladenbraun eingerichtet, mit einer Sitzecke zum Kaffeetrinken und Pralinen naschen, die in einer Vitrine am Tresen zu bewundern sind, duftet es verführerisch. In den Regalen findet der Besucher unterschiedliche Schokoladensorten, Brotaufstriche, zur Jahreszeit passende Hohlfiguren, Trüffel, Schokoladenlollies und Macarons, alles geschmackvoll verpackt. Durch ein Fenster blickt er in den Fabrikationsraum, wo die Patissière und Chocolatière Kaerlein-Seip mit ihren Mitarbeitern aus besten Zutaten, ohne Konservierungsstoffe, ihre essbaren Kunstwerke herstellt. Aus diesem Grund gibt es nur eine überschaubare Anzahl von Pralinensorten, die, den Jahreszeiten angepasst, immer wieder wechseln. Für Liebhaber großformatiger Süßigkeiten werden auf Bestellung Torten gebacken. Probeessen und genießen kann man am monatlichen „Törtchensamstag" im Garten vor dem hübschen Fachwerkhaus.

Wer regelmäßig naschen will, sollte sich ein Pralinenabonnement gönnen und einmal im Monat seine Pralinen per Post erhalten. Wem das immer noch zu wenig ist, kommt am besten vorbei und macht bei Anne Kaerlein-Seip einen Pralinen-, Torten- oder Dessertkurs.

Der Regisseur Wim Wenders war wohl auch schon im Grand Cru, denn er sagt: „Schokolade ist fassbar, greifbar und vor allem essbar gewordenes Glücksgefühl."

▶ Grand Cru, Hochbach 5, 91593 Burgbernheim, Tel. (0 98 43) 9 79 35
www.chocolateriegrandcru.de

Glucksend zur Lebensfreude

4 *Glückserei in Lauf*

Für Glücksuchende in Lauf ist die Glückserei der passende Ort, denn der Name ist Programm bei Andrea Lipka. Sie hat sich im ersten Stock eines alten Sandsteinhauses direkt am Markplatz ihr Theater eingerichtet, das schon beim Betreten des Raumes positive Gefühle weckt. Warme Farben, Rot, Schwarz und Gold, dominieren den Raum. Attraktive Bilder hängen an den Wänden. 70 Stühle gruppieren sich um kleine Tischchen, sodass der Gast auch etwas essen und trinken kann, denn die Glückserei macht nicht nur den Kopf, sondern auch den Magen glücklich.

Woher kommt eigentlich der eigenwillige Name, den sich Andrea Lipka sogar patentrechtlich hat schützen lassen? Sie erklärt es uns: „Glückserei ist eine Verschmelzung der Wörter Glück und glucksen, also eine Form des Lachens." Und Lachen ist ihr wichtig, denn „Lachen ist ein schneller Weg zu unserer Lebensfreude, den man immer gehen kann, auch wenn man gerade einen traurigen Moment hat und die innere Freude etwas versteckt ist."

Deshalb hat sich die studierte Verwaltungswirtin und Kommunalpolitikerin vorgenommen, die Menschen zum Lachen zu bringen und sie dadurch glücklich zu machen. Seit 20 Jahren gibt es ihr Kabarett, für das sie 44 Bühnenstücke produziert hat, von denen 37 aus ihrer Feder stammen. 12 Programme spielt sie parallel, mal allein, mal mit einem Partner, mal sind es auch richtige Theaterstücke. Bei ihren Solonummern schlüpft sie in verschiedene Rollen. Für ihre Putzfrau Elfriede Rumpler gewann sie sogar den Publikumspreis eines Kabarett- und Kleinkunst-Wettbewerbs *(Stuttgarter Besen)*.

TIPP Sehenswert ist das Welserschloss auf einer Pegnitzinsel unweit der Glückserei.

Daneben betätigt sich die Allrounderin als Coach mit dem Ziel, die Lebensfreude zu fördern, und bietet Entspannungstraining, Burn-out-Begleitung und Lachyoga an. Eine Frau, die alles für das Glück tut, und wer sich ihr Kabarett zu Gemüte führt, wird lachend und glücklich wieder gehen. Nur wenn jemand des Fränkischen nicht mächtig ist, sollte er sich einen Dolmetscher mitnehmen, ko sei, dass er sunst nix versteht.

▶ **Glückserei, Marktplatz 41, 91207 Lauf**
www.glueckserei.de

Selfie gefällig?

⑤ *Die rote Bank in Dinkelsbühl*

In Dinkelsbühl ist bekannt, dass Selfies sehr beliebt sind und oft in den sozialen Medien gepostet werden. Und Dinkelsbühl ist eine alte Stadt mit vielen schönen Ecken, die sie den Menschen gerne zeigen möchte. Wie sind beide Seiten glücklich zu machen? Die Fotografen wollen tolle, auffallende Fotos, die Stadt will ihre Präsenz in den Medien steigern. Die Dinkelsbühler hatten dazu eine blendende Idee. Sie ließen im städtischen Bauhof eine überdimensionierte Bank bauen, strichen sie knallrot an und hatten damit einen perfekten Eyecatcher geschaffen. Jetzt brauchte die Bank nur noch einen Platz mit einem atemberaubenden Hintergrund. Weil es davon in Dinkelsbühl aber sehr viele gibt, beschloss die Stadtverwaltung, die Bank wandern zu lassen. Alle zwei Monate wechselt sie nun ihren Platz. Passend zu den Veränderungen im Jahreslauf wird der Standort angepasst. Im März, wenn die ersten Blumen sprießen und die Touristen kommen, wird die Bank an einem Platz mit besonders bunt blühenden Frühlingsboten aufgestellt. Da bleibt sie zwei Monate und wandert danach weiter, vielleicht zum Rosengarten am Rothenburger Tor mit herrlichem Blick zum Faultor und dem Zwingerhäuschen, einem der beliebtesten Fotomotive in Dinkelsbühl. Im Hochsommer steht die Rote am Wörnitzufer vor dem Bäuerlinsturm, dem Wahrzeichen der Stadt mit dem Fachwerkobergeschoss und dem hohen Dach, oder im schattigen Kirchhöflein am Münster St. Georg. Hier kann man nicht nur fotografieren, sondern auch einfach mal sitzen und die Stadt genießen. Die letzte Station im Herbst kann der Spitalhof sein, wo ein Mühlrad und eine Wäschemangel an alte Zeiten erinnern und das Theater zu einem Besuch animiert. Möglich wäre auch ein Standort in der „Alten Promenade", einem Teil des Stadtparks am Segringer Tor, denn hier schaffen die vielen Linden im Herbst mit ihrer Farbenpracht Wohlfühlatmosphäre und einen besonders schönen Hintergrund.

Die Rote Bank ist ein wandernder Ort, der nicht nur Selfiefotografen beglückt. Ein Glücksort, der gefunden werden will.

● Info zum Standort der Bank: Touristik Service Dinkelsbühl, Altrathausplatz 14,
91550 Dinkelsbühl, Tel. (0 98 51) 90 24 4
www.tourismus-dinkelsbuehl.de

Tausend kleine Glöckchen

 Märzenbecherwald in Ettenstatt

Irgendwann hat wohl jeder genug von der kalten und dunklen Jahreszeit und freut sich auf Licht und Wärme des Frühlings. Sehnsüchtig werden Anzeichen der wiedererwachenden Natur erwartet, und tatsächlich tauchen bald die ersten Frühlingsboten auf. Dazu gehört neben dem gelben Winterling und dem Schneeglöckchen auch der Märzenbecher. Er sieht dem Schneeglöckchen sehr ähnlich, hat aber gleich lange Blütenblätter, deren Spitze einen gelbgrünen Fleck aufweist. Oft blüht die hübsche kleine Blume schon in den Gärten, aber in der Natur ist sie in Deutschland eher selten zu finden. Größere Vorkommen gibt es nur noch auf der Fränkischen Alb und in Niedersachsen – und im Märzenbecherwald bei Hundsdorf zwischen Ettenstatt und Kaltenbuch. Dieses Massenblühen, ein besonderes Naturschauspiel, das in der Zeit von Ende Februar bis in den April hinein stattfindet, sollte kein Naturfreund versäumen. Warum wachsen gerade hier so viele der kleinen Glöckchen? Weil die Frühlingsknotenblume in diesem Gebiet optimale Bedingungen vorfindet. Der Boden ist wegen des Quellwassers am Hang feucht, und der Laubwald, der noch keine Blätter hat, lässt viel Licht bis auf den Boden durch. So können auf einer Fläche von ungefähr 12,4 Hektar Tausende von Märzenbechern den Waldboden mit riesigen weißgrünen Teppichen bedecken.

TIPP *Wanderung zur steinernen Rinne bei Rohrbach.*

Auf einem ausgeschilderten Rundweg kann man das Blütenmeer von allen Seiten bewundern. Da das Gebiet seit 1988 unter Naturschutz steht, sollte man es beim Anschauen belassen. Das Pflücken oder Ausgraben der Pflanzen ist streng verboten, schließlich wollen noch viele Menschen dieses Naturwunder genießen.

Wer sich an den weißen Glöckchen sattgesehen hat und Hunger verspürt, fährt am besten nach Ettenstatt, denn dort hat der „Bäck" während der Märzenbecherzeit sein Café sogar sonntags geöffnet, um die Besucher mit Kuchen zu verwöhnen. Nach so viel Genuss für Auge und Magen wird jeder glücklich und zufrieden nach Hause fahren.

Märzenbecherwald, Parkplatz: Moorfeldweg 12, 91796 Ettenstatt
ÖPNV: Bus 618 von Ellingen bis Ettenstatt – weiter zu Fuß Richtung Kaltenbuch (ca. 3 km).
Hinweis: An Sonn- und Feiertagen keine Busverbindung!

Wasser marsch!

7 *Freilandmuseum Möhrendorf Wasserschöpfräder*

Es ist entspannend, den Wasserschöpfrädern bei ihren gemächlichen Umdrehungen zuzusehen. Beruhigend ist das gleichmäßige Plätschern des Wassers und das gemächliche Vorbeiziehen des Flusses, auf dessen sanften Wellen die Sonnenstrahlen tanzen. 10 Schöpfräder kann man von Mai bis September nahe Möhrendorf besuchen. Im Winter ist von einem Wasserrad nur die Radstatt zu erkennen. Das ist die Auflage für das Rad und die bleibt das ganze Jahr im Wasser. Auf dieses Grundgerüst werden im Frühjahr wieder die Wasserräder gesetzt. Sie haben einen Durchmesser von ungefähr vier Metern und bestehen wie alles andere aus Holz. 24 Schaufelbretter treiben das Rad an und die Kümpfe, das sind die Schöpfeimer, werden mit Wasser gefüllt, das sie in einen Schöpf-trog gießen. Von da wird das Wasser über Rinnen auf die Wiesen geleitet. Aber warum findet man gerade hier so viele Wasserschöpfräder?

Schon im alten Mesopotamien leiteten Schöpfräder das Flusswasser während der Trockenmonate auf die Felder. Auch im Becken von Rednitz und Regnitz regnet es nicht ausreichend, dazu lässt der Sandboden das wenige Wasser schnell versickern. So nahm man die Idee der Wasserschöpfräder, die von Kreuzrittern oder Nürn-berger Kaufleuten ins Land gebracht wurde, gerne auf. Ab dem Beginn des 15. Jahrhunderts taten die Wasserräder an den beiden Flüssen ihren Dienst. Im Jahr 1805 schöpf-ten 190 Räder zwischen Fürth und Forchheim Wasser auf die Wiesen am Fluss. Laut der Baiersdorfer Wasserordnung von 1693 durften die Räder von Walpurgis bis Michaelis betrieben werden. Inzwischen haben Pumpen und Beregnungsanlagen die Aufgabe der Wasserräder über-nommen, aber viele fleißige Helfer aus Möhrendorf haben geholfen, die Erinnerung an die alte Technik lebendig zu erhalten.

Auf dem reizvollen Wanderweg entlang der Regnitz genießt man den Blick in die Vergangenheit. Oder man nimmt auf der Sitzgruppe neben dem Vierzigmannrad Platz und erfreut sich an der gelungenen Verbin-dung von Natur und Technik.

TIPP Im nahegelegenen Bubenreuth kann man im Bubenreutheum u. a. Paul McCartneys Gitarre bewundern.

● Startpunkt: Parkplatz an der Regnitzbrücke, 91096 Möhrendorf,
Tel. (0 91 31) 75 51 21 für Besichtigungen, www.regnitzraeder.de
● ÖPNV: Buslinie 254, Haltestelle Möhrendorf Mitte

Kein Bahnhof! Zug bis Bubenreuth, Bus ca. 2,5 - 3,5 std.

Der Weg zum Glück

8 *Schlosspark Dennenlohe in Unterschwaningen*

Ein sonniger Morgen, der Schlosspark Dennenlohe hat soeben seine Tore geöffnet, außer mir ist niemand da. Es ist herrlich, allein durch den Landschaftsgarten zu wandern, der immer wieder anders aussieht, immer wieder neue Blicke ermöglicht. An einem kleinen Teich springen die Frösche erschrocken ins Wasser, als sie meine Fußtritte wahrnehmen. Der große See ist glatt wie ein Spiegel und fängt die Sonnenstrahlen ein. Die Seerosen beginnen gerade sich zu öffnen. Auf der schwankenden Brücke zwischen zwei japanischen Torii-Toren weicht die Vorsicht der Freude über die Bewegung. Und es gibt noch so viel anderes zu sehen und sich zu freuen, dass man den kleinen Bhutantempel als Glückssymbol gar nicht mehr braucht.

Ausgerechnet in diesem Park gibt es nun einen Glückslehrpfad. Den ersten in Deutschland, vielleicht sogar in Europa. Entwickelt hat ihn Roland Betz zusammen mit Sabine Freifrau von Süßkind und ihrem Gatten Robert Freiherr von Süßkind, den Besitzern des Gartens. Elf besonders reizvolle Orte im Park wurden als Glückskraftquellen ausgewiesen und bekamen Themen zugeordnet wie NATUR erLEBEN, DANKBARKEIT, HERZLICH LACHEN, BRÜCKEN BAUEN, FREUNDSCHAFT, LIEBE oder SELBST-BEWUSST-SEIN. An jeder dieser Kraftquellen soll sich der Besucher etwa zehn Minuten mit dem entsprechenden Thema auseinandersetzen, denn in der Natur gelinge es besonders leicht, zur Ruhe zu kommen, sich neu zu zentrieren und damit zum inneren Glück zu finden. Zu dem Glückslehrpfad gibt es noch ein kleines Büchlein, das zu jeder Station einen Text anbietet, ebenso wie Ideen zur Vertiefung zu Hause. Letztendlich bleibt es jedem selbst überlassen, wie er mit dem Glückslehrpfad umgeht. Er mag eine gute Hilfe sein, sich wieder einmal mit seinem inneren Glück zu beschäftigen und es auch zu finden. Vielleicht genügt aber ein Spaziergang durch das Gartenreich des „Grünen Barons", um sich mit Freude aufzutanken und eine Portion Glück mitzunehmen. Buddha sagt: „Es gibt keinen Weg zum Glück. Glücklich-sein ist der Weg."

· ·

Schloss- und Landschaftspark Dennenlohe, Dennenlohe 1, 91743 Unterschwaningen, Tel. (0 98 36) 9 68 88, www.dennenlohe.de

Kein Bahnhof! Zug bis Ansbach, Bus! 3,5 Std.

Am, auf und im Wasser

9 *Spaziergang um den Happurger Stausee*

Zweckbauten sind zwar in erster Linie zweckmäßig, können aber auch erfreulich aussehen, wie zum Beispiel beim Happurger Stausee. Er wurde 1955 angelegt, um zusammen mit dem auf dem Deckersberg gelegenen Oberbecken Strom zu erzeugen. Er ist 47 Hektar groß und bis zu elf Meter tief. Was ihn aus der Reihe der Stauseen hervorhebt, ist, dass er von dem Nürnberger Architekten und Kulturpreisträger Franz Reichel geplant wurde und idyllisch gelegen ist, umgeben von den Hügeln der Hersbrucker Alb. Diese besondere Lage macht den See zu einem Ausflugsgebiet mit ganzjährigem Reiz für die Besucher. Auf einem ebenen, breiten, fünf Kilometer langen Weg kann man den See bequem umrunden. Nach einem kurzen Abstecher in den Ort Happurg kehrt man wieder ans Ufer zurück. Zu jeder Jahreszeit hat der See Reizvolles zu bieten: im Herbst die unterschiedliche Laubfärbung an den Hängen des Frankenjura, im Winter lässt die Sonne See und Schnee um die Wette glitzern.

Die meisten Besucher indes kommen im Sommer, denn dann sind die Freizeitmöglichkeiten besonders vielfältig. Wer die Ruhe liebt, wirft am Ufer die Angel aus und wartet, ob Karpfen, Schleie, Hecht, Zander, Barsch, Forelle, Aal, Wels oder Brasse anbeißen. Nicht selten bleiben Spaziergänger stehen und warten mit dem Angler voller Spannung auf das Zucken der Leine.

TIPP Um den See in voller Schönheit sehen zu können, wandert man von Förrenbach zum „Hohlen Fels".

Hat endlich ein Fisch angebissen, wird der Fang selbstverständlich fachmännisch kommentiert. Wer es sportlicher mag, genießt den Sonnenuntergang auf dem Segelboot, nutzt den Wind für eine Runde auf dem Surfbrett oder zeigt sein Gleichgewichtsgefühl beim Stand-up-Paddling. Im Tretboot, das man ausleihen kann, können die Radler den See bezwingen. Natürlich ist auch das Baden erlaubt. Wem fester Boden unter den Füßen lieber ist, betätigt sich beim Frühstücks-Yoga oder begibt sich auf eine Nordic-Walking-Tour.

Hat man von alledem genug, oder möchte einfach gar nichts tun, setzt man sich auf die Seeterrassen des gleichnamigen Café-Restaurants und erfreut sich an Speis und Trank und an der herrlichen Aussicht.

Café & Restaurant Seeterrassen, Seepromenade 1, 91230 Happurg, Tel. (0 91 51) 81 74 41
www.seeterrassen.com
ÖPNV: Bus 334 von Hersbruck Altes Stellwerk bis Happurg Stausee

Nudeln, nichts als Nudeln

10 *Nudelmanufaktur in Dinkelsbühl*

Ein Fabrikverkauf im Keller. Klingt wenig reizvoll? Ganz im Gegenteil! Am Treppenrand stehen Nudeltüten, die zeigen, dass hier Ungewöhnliches zu finden ist. Und schon steigt man die Stufen hinab ins Untergeschoss des Hotels Hezelhof und kommt aus dem Staunen nicht mehr heraus. Ein Gewölbekeller, wie er in einem alten Fachwerkhaus nicht unüblich ist, aber ganz unüblich genutzt und gestaltet. Es riecht gut, und es sieht gut aus. Nudelgeschenktüten mit der Aufschrift „Gruß aus Dinkelsbühl" oder „Alles Gute", darüber ein Schild „Nudeln machen glücklich!". Man ist also richtig hier. Der Duft kommt von der Nudelmaschine, wo gerade Nudelplatten für Ravioli durchgezogen werden. Dahinter läuft eine Maschine, die Linguine ausspuckt. Ein Kunde möchte frische Spaghetti. Kein Problem! In einer halben Stunde kann er sie abholen. Es muss nur die Vorsatzscheibe der Maschine gewechselt werden, und schon werden aus den Linguine Spaghetti. Gleich daneben in der Glasvitrine kann man die frisch gemachten Nudeln bewundern. Heute gibt es Bärlauch-Nudeln, Rote-Bete-Nudeln, Lasagneplatten, Pappardelle, Bandnudeln und Käseravioli, aber die sind noch im Entstehen. Weiter hinten im Laden stapeln sich jede Menge Gitterkörbe, in denen die Nudeln trocknen, die dann in Tüten verkauft werden. Außergewöhnliche Sorten gibt es da. Hanfnudeln zum Beispiel, die sind sehr gesund. Oder Vanille- und Schokoladenudeln – mit Eis oder Vanillesoße zum Nachtisch. Da läuft einem das Wasser im Mund zusammen!
Da Nudeln allein etwas einsam sind, gibt es im Laden natürlich auch Soßen und Pestos – zum Teil selbst gemacht, verschiedene Öle, Gewürze mit den passenden Mühlen, Schürzen, Geschirrtücher, Servietten und Kerzen; einfach alles, was zu einem stilvollen Pastaessen gehört.
Susanne Wichary hat sich aus der Liebe zur frischen Nudel ein romantisches Kellerreich geschaffen, in dem sie mit ihrer Schwester Heike nicht nur Nudelfans glücklich macht, sondern auch Menschen, die schöne Dinge lieben.

....

Nudelmanufaktur im Hezelhof, Segringer Straße 7, 91550 Dinkelsbühl, Tel. (0 98 51) 5 82 16 10
www.nudelmanufaktur-hezelhof.de

26 Kein Bahnhof! Zug bis Nördlinge, Bus! ca. 2,5 - 3,5 Std.

Als die Römer frech geworden

11 *Das Limeseum in Wittelshofen*

Viele Besucher kommen immer wieder her, weil das Gelände des Limeseums für sie ein Kraftort ist, erklärt der Museumsleiter Dr. Martin Pausch. Es liegt aber auch wunderschön an einem Hügel. Der Blick streift über Felder und Wiesen hinüber zum Hesselberg, dem höchsten Berg Mittelfrankens. Doch schnell kehrt die Aufmerksamkeit zurück zum Limeseum, denn dieses außergewöhnliche Gebäude hat ungeteiltes Interesse verdient. Es ist ein nicht ganz geschlossener Rundbau, der sich, an den Hang gelehnt, leicht nach oben schraubt. Große Fensterfronten ermöglichen den Blick auf den umgebenden Römerpark mit nachgebautem Miniaturkastell und vielen Informationen zum Kastell Ruffenhofen. Natürlich geht es auch im Innern des Limeseums um die Grenze zwischen Römern und Germanen und um das Kastell. Immerhin ist der Limes das größte archäologische Geländedenkmal Mitteleuropas. Und weil ein Stück dieser 550 Kilometer langen befestigten Grenze durch Mittelfranken verläuft, hat der Regierungsbezirk jetzt auch ein UNESCO-Welterbe.

Ausgehend von Rom, dem Ursprung des römischen Weltreichs, begibt man sich im Museum an die Grenzen des Reiches, an den Limes. Hier trifft man auf einen Pferdeknecht namens December, der um 200 nach Christus im Kastell Ruffenhofen Dienst tat. Er begleitet uns auf dem Weg nach oben durch das Museum. Wir erfahren von seiner Ausbildung zum Pferdeknecht, der Beruf des Reitersoldaten bleibt ihm als Nichtrömer verwehrt. Nach seiner Dienstzeit beim Militär lässt sich December im angrenzenden Dorf, dem Vicus, nieder und arbeitet hier als Bronzegießer. Dies alles wird durch Hörstationen, Exponate und vor allem durch einen Film über das Leben im Vicus sehr anschaulich dargestellt. Da es in Ruffenhofen keine Ausgrabungen gibt, zeigen große Modelle im Museum den Aufbau des Kastells und des Vicus. Bald ist man am oberen Ende der Schnecke angelangt und kann noch einmal den Blick über den Römerpark genießen. Ein Kraftort vielleicht, ein Glücksort allemal.

TIPP Den Römerpark ansehen und die Aussicht genießen, empfehlenswert ist eine Wanderung auf den nahe gelegenen Hesselberg.

▶ Limeseum, Römerpark Ruffenhofen 1, 91749 Wittelshofen, Tel. (0 98 54) 9 79 92 42
www.limeseum.de

Mode mit Gewissen

 Farcap-Boutique in Fürth

Immer mehr Menschen machen sich Gedanken, woher ihre Kleidung kommt. Wer in der Farcap-Boutique in Fürth einkauft, kann sicher sein, dass die hier angebotene Kleidung ökologisch einwandfrei ist und fair gehandelt wurde. Keine Kinder sticken Pailletten für einen Hungerlohn auf. Die Näherinnen arbeiten unter anständigen Bedingungen und werden fair entlohnt. Außerdem kann man sicher sein, dass die Stoffe mit ungiftigen Farben behandelt wurden. Allein das ist ein Grund, sich in dem neuen Outfit wohlzufühlen. Bei der Durchsicht des Sortiments wird der Skeptiker schnell davon überzeugt, dass Fair-Trade-Kleidung nichts mehr mit Schlabberlook und der Schnurbatik der sechziger Jahre zu tun hat. Hier gibt es schicke Modelle für alle Altersklassen und Geschlechter, farbenfroh, sportlich und tragbar. Auch vegane Kleidung, zum Beispiel aus Hanf, findet man. Präsentiert werden die Kleidungsstücke in einem Interieur aus hellem Holz, und es bleibt viel Platz für die Suche und Anprobe. Bequeme Sitzgelegenheiten für die beratende Begleitung sind ebenfalls vorhanden. In dem einladenden Raum macht

TIPP   Ein Bummel zum Grünen Markt mit seinem Gauklerbrunnen macht Spaß.

das Shoppen Freude. Und genau das will man im WELTHAUS erreichen, wie Brigitte Hanek-Ures, eine der drei Geschäftsführerinnen, erklärt: „Wir wollen einladen in eine Welt, die für uns alle gerecht, sozial, bewusst und marktfähig ist." Deshalb werden hier auch nur Labels geführt, die nachweislich auf fairen Handel, ökologische Materialien und menschenwürdige Arbeitsbedingungen achten. Natürlich erhält der Kunde eine fachkundige Beratung, die auf die Besonderheiten des fairen Handels hinweist und diesbezügliche Fragen gern beantwortet.

Einmalig in Fürth ist, dass sich Farcap und ein Weltladen das WELTHAUS teilen. So kann man neben dem schicken Outfit auch Lebensmittel, passende Accessoires und Kunsthandwerk einkaufen. Falls noch etwas zum Glück fehlt: Farcap unterstützt das Projekt Azadi, das unterprivilegierten Frauen in Indien eine Zukunftsperspektive bietet, indem sie sie aus der Zwangsprostitution befreit.

● FARCAP Faire Mode gGmbH (im WELTHAUS), Gustavstraße 31, 90762 Fürth, Tel. (09 11) 97 95 78 50
www.farcap.de
● ÖPNV: U1, Haltestelle Fürth Rathaus

Höchstadts Bierbauch

⑬ Der Kellerberg in Höchstadt an der Aisch

Nachdem Gott die Welt erschaffen hatte, bemerkte er in der Gegend von Höchstadt, dass da etwas fehlte. Trotz intensivsten Nachdenkens fiel ihm aber nicht ein, was er vergessen haben könnte, bis ihm ein kleiner Engel zuflüsterte, dass Höchstadt noch einen Kellerberg bräuchte. Das war die Lösung! In der nächsten Vollmondnacht holte der Herr sein Versäumnis nach. Gott sei Dank! Denn wo hätten die Höchstädter, die ab 1604 nur noch im Kommunbrauhaus brauen durften, den empfindlichen Gerstensaft lagern sollen? Das ging damals nur in den Kellern, die mühsam aus dem Sandstein gehauen wurden.

Jeder, der heute den Kellerberg hinaufwandert, ist erstaunt über die 22 kleinen Häuschen mit großen Toren, die von mächtigen Laubbäumen beschattet werden und so eigenwillige Inschriften tragen wie In Treue fest!, Jägerruh, Wallensteins Lager, Friedensheim oder Hier wackelt die Wand! Diese Kellerhäuschen sind errichtet über den Kellerzugängen und waren Geräteschuppen für das, was unter der Erde benötigt wurde. Hinter den großen Toren führen die Treppen hinab in den Bauch des Kellerbergs. Weit verzweigte Gänge verbinden die 216 Lagerkeller miteinander, die zum Teil mehrstöckig angelegt sind. Obwohl ungefähr die Hälfte der Keller nicht mehr zugänglich ist, gibt es noch über 2000 Meter begehbare Stollen. Der Kellerbergverein Höchstadt e. V. kümmert sich um die Erhaltung der denkmalgeschützten Anlage und führt auf Anfrage durch die Felsenkeller. Da sich die Kellerhäuschen alle in Privatbesitz befinden, gibt es außerhalb von Kellerfesten keinen öffentlichen Ausschank mehr. Schade, denn man kann es sich gut vorstellen, im Sommer hier zu sitzen und ein kühles Bier, direkt aus einem Fass in diesem Keller, zu trinken.

Die Geschichte über die Entstehung des Kellerbergs auf der Homepage des Vereins endet so: „Ja, es ist ein ausgezeichneter Erholungsort unser Kellerberg mit seiner Urwüchsigkeit und Originalität, ein Nervensanatorium eigener Art, … ein Rest versunkener Romantik! … – Prosit!"

· ·

● **Der Kellerberg in Höchstadt an der Aisch**
● **Kontakt für eine Führung: kellerfuehrungen@kellerberg-hoechstadt.de**

Kein Bahnhof! Zug bis Erlangen, Bus!
3,0 – 4,0 Std.

Zwischen Natur & Himmel

 Skulpturengarten Heinrich Kirchner in Erlangen

Er ist nicht leicht zu finden, aber wer die außerhalb der Bergkirchweihzeit sehr ruhige Straße „An den Kellern" Richtung Osten geht, entdeckt fast am Ende der Straße den Treppenaufgang zum „Skulpturengarten Heinrich Kirchner". Wer die Stufen erklimmt, erlebt einen Garten der ganz besonderen Art. Hier im Burgberggarten, inmitten von Wiesen, Sträuchern und Bäumen, wo im Frühjahr der Flieder blüht und seinen betäubenden Duft verströmt, die Wiesenblumen leuchten, das frische Grün der Bäume einen hübschen Kontrast zum blauen Himmel bildet und der restaurierte Brunnen wieder plätschert, fühlt sich jeder wohl. Und genau diesen Ort hat die Stadt Erlangen ausgewählt, um dem Bildhauer Heinrich Kirchner ein „Museum" einzurichten. 1902 in Erlangen geboren, verließ Kirchner die Stadt, um in München die Bildhauerei zu studieren. Ab 1952 erhielt er eine Professur in München und wirkte dort bis 1970. Anschließend zog er auf einen alten Bauernhof in Seeon, wo er 1984 starb. Zwei Jahre vor seinem Tod konnte er noch die Eröffnung seines Skulpturengartens miterleben. 18 große Skulpturen wurden auf die Wiesenflächen und zwischen die Bäume gestellt. Auf dem Weg, der sich durch den Garten nach oben schlängelt, kommt man an diesen Großplastiken aus Eisen und Bronze vorbei. Sie wirken wie von Kindern gezeichnet.

TIPP *Am oberen Ausgang des Gartens steht das Platenhäuschen, das man zeitweise besichtigen kann.*

Runde Körper und Köpfe, lange, dünne Extremitäten und deutlich erkennbare Geschlechtsmerkmale kennzeichnen Kirchners Figuren. Die Arme sind ausgestreckt oder weisen gen Himmel und zeigen so die Verbundenheit des Künstlers mit der Natur und seine Beziehung zu Gott. Einen besseren Platz hätte die Stadt für diese Plastiken nicht finden können. Wunderbare Kunstwerke in einem herrlichen Garten, der am Ende des Weges, dort, wo die letzte Skulptur des Meisters steht, auch noch einen einmaligen Blick über die Stadt gewährt. Ein Glücksort, den niemand so schnell vergisst und zu dem jeder Kunstbegeisterte und jeder Naturfreund immer wieder gern zurückkehrt.

▶ **Skulpturengarten Heinrich Kirchner, An den Kellern 49/Rathsberger Straße 1, 91054 Erlangen**
▶ **ÖPNV: Buslinie 289 und 290, Haltestelle Rathsberger Straße**

Ein Schloss für alle

15   *Schloss Ratibor in Roth*

Schloss Ratibor befindet sich in der Hauptstraße von Roth und hat das Potenzial, mehrere Glücksorte in sich zu vereinen. Ein reizender Schlosshof mit Brunnen, einer riesigen Linde, Fachwerk und Wandgemälde heißt den Besucher willkommen. Vor dem Schloss, an der stadtabgewandten Seite, gibt es einen kleinen, aber feinen Schlosspark und den Schlossgraben, der vor allem bei Nacht und dezenter Beleuchtung wie geschaffen für ein romantisches Date ist. Das Schloss selbst beherbergt die Stadtbücherei, die Tourismusinformation und das sehenswerte Stadtmuseum und hält zudem noch einige Überraschungen bereit. Dazu ist ein kleiner Ausflug in die Geschichte notwendig. Erbaut wurde Schloss Ratibor von Georg dem Frommen 1535 bis 1538 als Jagdschloss. 1791 erwarb ein Herr Stieber das Gebäude für seine Fabrikation von Leonischen Drähten und um die Wende zum 20. Jahrhundert ließ Wilhelm von Stieber das Schloss im Stil der deutschen und italienischen Renaissance ausgestalten. Deshalb kann man im marmornen Treppenhaus heute Stuckornamente und in verschiedenen Räumen intarsienreiche Holzverkleidungen bewundern. Höhepunkt ist der Prunksaal, der seinem Namen alle Ehre macht. Die Deckengemälde mit Themen aus der antiken Sagenwelt sind, wie die gesamte Decke, in prachtvolle Goldrahmen gefasst. An den Wänden zeigen Gobelinmalereien Szenen aus der Odyssee Homers. Und zwischen diesen großen Bildern ist auch jedes Wandstück bemalt. Zwei Kronleuchter und ein Holzboden mit Intarsien vervollständigen den prächtigen Raum.

Vielleicht hat ein Spaziergang durch den Schlosspark den Wunsch geweckt, hier zu heiraten. Die Stadt Roth macht es möglich. Standesamtlich getraut werden kann man unter dem blaugoldenen Kreuzgewölbe der Kapelle. Für die anschließende Feier stehen anmietbare historische Räume zur Verfügung – für moderne Prinzessinnen und Prinzen ein stilvolles Ambiente. Wer nicht heiraten will, dem seien die Theateraufführungen im Schlosshof empfohlen, die auch ohne Trauschein für Glücksmomente sorgen.

◐ **Schloss Ratibor, Hauptstraße 1, 91154 Roth, Tel. (0 91 71) 84 85 32**
www.schloss-ratibor.de

Glück durch Meditation

16 *Das Eckstein in Nürnberg*

Das Eckstein ist das Haus der Evangelisch-Lutherischen Kirche in Nürnberg. Hier sitzen die kirchlichen Einrichtungen, es gibt Tagungsräume, ein Café, Räume für die evangelische Stadtakademie, die Veranstaltungen zu Fragen des öffentlichen und persönlichen Lebens anbietet, und nicht zuletzt das spirituelle Zentrum. Wer Glück im Geistigen, Meditativen, Christlichen sucht, wird hier Unterstützung und Anleitung erhalten.

Die meisten Veranstaltungen des spirituellen Zentrums finden ganz himmelsnah im fünften Stockwerk des Eckstein statt, direkt unterhalb des Dachfirsts. Raumhohe, breite Dachfenster sorgen für den Kontakt nach draußen, zeigen die Verbindung von Himmel und Erde. Im Vorraum zieht die Kaiserburg den Blick an, und im eigentlichen Meditationsraum schweifen die Augen über die Nürnberger Altstadt. Vor dem einen Fenster streben die beiden Türme der Sebalduskirche in fast greifbarer Nähe nach oben, das andere Fenster umrahmt die Türme des alten Rathauses und lässt im Hintergrund den Turm der Frauenkirche erkennen. Zusätzlich sorgen gedämpfte Farben und ein warmer Bodenbelag für ein

TIPP Ganz in der Nähe ist der Hauptmarkt mit dem berühmten Schönen Brunnen.

Wohlfühlklima. Es gibt weiche Matten, Meditationsbänkchen, aber auch Stühle für Menschen, die das Hocken auf dem Bänkchen als nicht so angenehm empfinden. Der Raum lädt ein zu Besinnung, Kontemplation und Meditation. Hier kann man zur Ruhe kommen und sich auf sich selbst oder ein bestimmtes Thema konzentrieren. Jeden Montag gibt es eine offene Kontemplationsgruppe, wo in der Stille meditiert wird. Hier kann jeder spontan und ohne Anmeldung teilnehmen. Wer die Möglichkeit hat, feste Termine wahrzunehmen, findet Angebote für Kontemplationstage, offene Meditationsgruppen, meditatives Bogenschießen, Seminare zu Achtsamkeit und gewaltfreier Kommunikation und vieles andere mehr. „Die erste Seele, die Dir anvertraut ist, ist Deine eigene Seele" (Alexandre Vinet). Wer sich um seine Seele kümmern will, was in unserer hektischen Zeit oft zu kurz kommt, der ist im Spirituellen Zentrum am richtigen Ort.

Eckstein, Burgstraße 1–3, 90403 Nürnberg, Tel. (09 11) 2 14 21 40
www.eckstein-evangelisch.de
ÖPNV: U1, Haltestelle Lorenzkirche, oder Bus 36, Haltestelle Burgstraße

Eine Ostertradition lebt

17 *Osterbrunnen in Eckenhaid*

Nur zwei Wochen im Jahr ist er zu bewundern, der Osterbrunnen in Eckenhaid, einem Ortsteil von Eckental. Und so sollte man unbedingt zwischen dem Palmsonntag und dem Weißen Sonntag vorbeikommen und sich Zeit nehmen, den Brunnen genau anzuschauen, denn die Eckenhaider Landfrauen geben sich besonders viel Mühe mit dem Schmücken. Eier der verschiedensten Vögel, von der Wachtel bis zum Strauß, wurden liebevoll bemalt. Besonders beliebte Motive sind Blumen, aber auch Vögel, Bienen und Marienkäfer tummeln sich auf den Eiern. Um die für Fremde nicht ganz einfache Gemeindestruktur zu erklären, wurde ein Straußenei mit dem Eckentaler Wappen bemalt und jedem der 13 Ortsteile ein Ei in einem großen Osterweidekorb gewidmet. Sie sind umgeben von Eiern mit dem Fränkischen Wappen. An den Seiten des Brunnens werden die Jahreszeiten thematisiert, und an der Rückseite findet sich auf goldenem Grund der Kreuzweg Jesu Christi. Um den Brunnen herum hängen an Bögen aus Tannenzweigen Eier, die mit Bauernregeln, Pilzsorten und Kräutern beschriftet und bemalt sind. Viele der über 2000 Eier sind in Tannengirlanden eingebunden, die eine Gesamtlänge von 60 Metern aufweisen. Auch die Eckenhaider Kinder helfen mit ihren bunten Eierkunstwerken die Fläche um den Brunnen zu gestalten.

Der Brauch der Osterbrunnen stammt aus der nahe gelegenen Fränkischen Schweiz. Dass man die Brunnen gerade zur Osterzeit schmückte, als Jesus von den Toten auferstand und für das ewige Leben neu geboren wurde, lag wohl an der Bedeutung des Wassers. Ohne Wasser ist Leben nicht möglich, und auf den trockenen Karsthöhen der „Fränkischen" war Wasser kostbar.

Aus diesem Grund wird auch der Eckenhaider Brunnen geschmückt. Mitten im Ort, auf einer kleinen Insel mit Rasen, Bäumen und einer Bank zum Ausruhen, hat er seit rund 600 Jahren seinen Platz behauptet. Bis in die Fünfzigerjahre wurde der Brunnen von den Frauen zum Spülen der Wäsche benutzt, heute lockt er durch seinen Schmuck viele Menschen nach Eckenhaid.

<hr>

● Osterbrunnen Eckenhaid, Eckenhaider Hauptstraße, 90542 Eckental

Die Bratwurst im Schlafrock

18 *Das Bratwurst-Glöckle in Ansbach*

„Bratwurst-Glöckle" steht in schnörkeliger Schrift auf dem großen Wirtshausschild. Darunter werden fränkische Spezialitäten angekündigt, und der Gast erfährt, dass hier der Chef kocht, was ja lange Zeit die Garantie für schmackhaftes Essen war. Tische und Bänke stehen vor dem historischen Gebäude, das mit den vielen kleinen Fenstern sehr einladend wirkt.

Gleich beim Betreten wird deutlich, dass hier jemand gerne dekoriert. Aber zuerst muss ein Platz gefunden werden, was gar nicht so einfach ist, denn das Lokal ist gut besucht. Weil es so gut riecht, wächst der Hunger, und der Ankömmling freut sich, dass ihm so schnell und freundlich die Speisekarte gereicht wird. Überraschend viele Bratwurstvariationen werden angeboten. Am interessantesten scheinen die panierten Bratwürste zu sein, und so werden die bestellt. Jetzt hat man Zeit sich umzusehen. Jeder freie Platz im Raum wurde liebevoll gestaltet. Teilweise fühlt man sich wie in einem Museum. An der Decke hängt ein alter Straßenbahnwaggon im Spielzeugformat, die Deckenkante war ein idealer Platz für altes Küchenwerkzeug und eine Lichterkette. Modelle alter Motorräder, Schraubzwingen und Blumen schmücken die Fensterbretter. In einer Raumecke plätschert leise ein Brunnen. Und so gibt es immer wieder etwas Neues zu entdecken, sodass die Wartezeit wie im Flug vergeht.

Und dann kommen sie, die panierten Bratwürste. Zwei Würste, in kräftig braune Panade gehüllt und wesentlich größer und dicker als ihre Nürnberger Verwandten, teilen sich den Teller mit einer ordentlichen Portion Kartoffelsalat und gemischtem Salat. Es sieht sehr appetitlich aus. Eigentlich sollten die Würste „Bratwurst im Schlafrock" heißen, aber damit konnten die Gäste nichts anfangen, erklärt Klaus-Dieter Heumann, der Chef und Koch des Hauses. Nun sind es eben die „panierten Bratwürste", die vorzüglich schmecken. Das gilt offenbar für alle hier servierten Speisen, auch wenn es keine Bratwürste sind. So zumindest kann man es an den zufriedenen Gesichtern der Gäste ablesen.

··

Bratwurst-Glöckle, Uzstraße 4, 91522 Ansbach, Tel. (09 81) 4 66 11 11
www.bratwurst-gloeckle.com
ÖPNV: Buslinie 753 oder 756 Haltestelle Promenade

Lustig ist das Studentenleben

19 *Wallensteinbrunnen in Altdorf bei Nürnberg*

„Gaudeamus igitur, juvenes dum sumus", so beginnt das bekannteste Studentenlied, das der eine oder andere vielleicht noch selbst gesungen hat und das ihn an die eigene Studienzeit erinnert. Ein Ort, der diese Erinnerungen besonders heraufbeschwört, ist die kleine Stadt Altdorf. Sie war von 1622 bis 1809 Standort der Universität Nürnberg. Heute noch ist das Universitätsgebäude erhalten und beherbergt das Wichernhaus, ein Therapiezentrum für Menschen mit Handicap. Viele bedeutende Männer studierten in Altdorf, darunter Leibniz, Pachelbel und ein gewisser Albrecht von Waldstein. Er wurde unter dem Namen Wallenstein so berühmt, dass er einen eigenen Brunnen nahe der Universität erhielt.

Fast kippt Wallenstein mit seinem Hocker vom Brunnensockel. Die Beine weit ausgestreckt, den Kopf nach hinten geworfen, schüttet er Bier aus einem Horn in den Mund. Im Arm hält er die Schankmagd. Entweder um nicht zu fallen oder um rechtzeitig Nachschub zu bekommen, denn das Mädchen hat etliche Bierkrüge in der Hand. Ein Pudel – soll es Mephisto sein? – versucht zu ihm hochzuspringen, um ihn von allzu viel Unfug abzuhalten. Das ist ihm offensichtlich nicht gelungen, denn schon nach acht Monaten musste der damals 16-jährige Wallenstein die Universität Altdorf wieder verlassen, weil er sich in *mancherley weiß allerley unruhe und muetwillens unterstanden* habe. Trotzdem wurde aus dem jungen Nichtsnutz der wohl berühmteste Feldherr des Dreißigjährigen Krieges.

TIPP Empfehlenswert: ein Besuch des Universitätsmuseums mit dem lauschigen Doktorsgärtlein in der Neubaugasse 5.

Und den Altdorfern ist er so lieb und teuer, dass sie alle drei Jahre Festspiele veranstalten. Dann wird der Schillersche Wallenstein aufgeführt und ein eigens geschriebenes Stück „Wallenstein in Altdorf". An den beiden Festspielwochenenden verwandelt sich der Marktplatz in ein riesiges Feldlager mit allem, was dazugehört: Soldaten, Gaukler, Händler und natürlich Marketenderinnen. Über 1000 Altdorfer Bürger wirken bei den Theaterstücken und dem Heerlager mit. Einen Besuch zur Festspielzeit sollte man sich nicht entgehen lassen.

Wallensteinbrunnen, Schlossplatz, 90518 Altdorf bei Nürnberg

Einmal ein Vogel sein

20 *Fallschirmspringen in Neustadt an der Aisch*

Es ist spannend, beim Fallschirmspringen zuzusehen. Zuerst sind es nur kleine Punkte, die da vom Himmel fallen. Irgendwann gehen dann die Fallschirme auf, und sie schweben langsam wie riesige Blumensamen zur Erde. Manchem mag beim Zusehen etwas mulmig in der Magengegend werden, andere beneiden die Springer um dieses Erlebnis. „Springen macht glücklich, weil es einfach geil ist. Man kann es kaum in Worte fassen", meint Max Vieweg, ein Springer beim FSC Neustadt. Wer dieses Glücksgefühl erleben will, muss den Sprung wagen.

Damit es nicht ganz so viel Überwindung kostet, bietet der FSC zum Kennenlernen Tandemsprünge an. Das ist wohl das beste Mittel, um einmal das Gefühl der Freiheit beim Fliegen zu erleben. Springen dürfen Menschen ab 14 Jahren, die nicht größer als 190 Zentimeter und nicht schwerer als 90 Kilogramm sind. Wer diese Vorgaben erfüllt, darf mit einem Tandemmaster ins Flugzeug steigen und auf ca. 4000 m Meter Höhe fliegen. Dann kommt der Exit, also der Ausstieg aus dem Flieger. Das ist wohl der spannendste Moment, der den meisten Mut erfordert. Der Passagier sitzt in einem eigenen Gurtzeug vor dem Tandemmaster, der Blick ist nach vorn gerichtet, damit er auch alles sehen kann: den Himmel vor sich und die Puppenhauslandschaft ganz weit unten. Und dann geht's los. Ungefähr eine Minute dauert der freie Fall, der wohl den größten Kick gibt. Dann öffnet sich der am Tandemmeister befestigte Fallschirm. Ein kleiner Ruck – und das Schweben beginnt. Die Schirmfahrt dauert fünf bis zehn Minuten. Langsam werden die Felder, Wiesen, Wälder und Straßen wieder größer, man erkennt Menschen und Autos und kann das Glücksgefühl noch ein bisschen genießen, bevor das Leben als Vogel beendet ist. Langsam baut sich das Adrenalin im Blut wieder ab. Stolz, sich dazu überwunden zu haben, Freude und die Erinnerung an das Glücksgefühl bleiben. Und wer jetzt seinen Sport entdeckt hat, kann sich gleich beim FSC Neustadt zum Fallschirmspringerlehrgang anmelden. „Blue skies!"

● Fallschirmspringerclub Neustadt/Aisch e.V., Flugplatz Eichelberg, Flugplatz 1, 91413 Neustadt an der Aisch, Tel. (0 91 61) 55 08, www.fsc-nea.de

Kunsträume

21 *Kreativlabor in Erlangen*

Der Begriff „Coworkingspace" ist vor allem aus der IT-Branche bekannt, wo vernetztes Arbeiten wichtig ist. Dass eine Vernetzung auch auf künstlerischem Gebiet Sinn macht, beweist das „Kreativlabor Erlangen". Es sucht nach kreativen Köpfen, die Platz für ihre Ideen brauchen. Die lange Raumflucht mit Fachwerkwänden, Holzdecken und knarzenden Dielen bietet den stylischen Rahmen für jegliche kreative Arbeit. Es gibt drei Langzeitarbeitsplätze. An einem schmiedet die Besitzerin Carolina Martínez filigranen Goldschmuck, die beiden anderen Plätze werden von wechselnden Künstlern oder Kunsthandwerkern langfristig besetzt. Wer Platz für seine schöpferische Arbeit sucht, kann sich hier einmieten. Gleichzeitig bildet dieser erste Raum den Laden, in dem man die hier produzierten Objekte käuflich erwerben kann. Manchmal kann man sogar zuschauen, wie ein Werk entsteht und es dann gleich mitnehmen. Der anschließende Gang dient als Galerie. Hier finden vor allem regionale Künstler eine Plattform für ihre Werke. Alle drei Monate wechseln die Ausstellungsstücke, sodass viele Kunstschaffende ausstellen können und die Käufer immer wieder neue Objekte entdecken.

Am Ende des Ganges befindet sich ein weiterer Raum, der tage-, wochen- oder monatsweise gemietet werden kann. In der anregenden Umgebung, im Kontakt mit anderen Kreativen kann ein Projekt vielleicht leichter umgesetzt werden als im stillen Kämmerlein. Außerdem finden hier Workshops zu den verschiedenen handwerklichen und künstlerischen Themen statt. „Artist talks" bieten Gelegenheit, mit Kunstschaffenden zu kommunizieren, und für die Musikliebhaber finden auch Konzerte statt.

Carolina Martínez hat mit ihrem Kreativlabor einen Glücksort für Kreative und Kunstinteressierte geschaffen, der zumindest in Mittelfranken seinesgleichen sucht. Da sowohl die Ausstellungen als auch die hier schaffenden Künstler immer wieder wechseln, kann der Besucher oft kommen und jedes Mal Neues entdecken.

· ·

○ **Kreativlabor Erlangen, Schiffstraße 7, 91054 Erlangen**
www.kreativlabor-erlangen.com

Staunen, genießen, besinnen

 22 *Münster St. Georg in Dinkelsbühl*

Wie Kinder um die Mutter scharen sich die Bürgerhäuser Dinkelsbühls um das Münster St. Georg. Es sieht aus, als würden sie sich im Schutz des mächtigen Bauwerks sicher und geborgen fühlen. Was liegt also näher, als diese Kirche, die den Ortskern so dominiert und gestaltet, zu besuchen. Durch das Rundbogenportal gelangt man in den Innenraum der dreischiffigen gotischen Hallenkirche und bleibt überrascht stehen. Wie anders, wie zart und luftig ist dieses Kirchengebäude von innen! Um den Raum in Ruhe genießen zu können, sollte der Besucher in einer Bank Platz nehmen. Wenn er Glück hat, ist es Freitagnachmittag um halb vier, denn da findet in den Sommermonaten ein 30-minütiges Orgelkonzert statt. Es ist sehr wohltuend, den Klängen der großen Orgel zu lauschen und sich dabei in dieser herrlichen Kirche umzusehen. Langsam wandert der Blick an den filigran anmutenden Pfeilern entlang hinauf zur Decke. Dort verbinden sie sich zu Bögen, die die Kirchenschiffe voneinander trennen, und verzweigen sich zu einem Netzrippengewölbe, das in 21,30 Metern Höhe in den Schlusssteinen endet.

TIPP *Suchen Sie das Brezenfenster, das eine Stiftung der Bäcker- und Böttcherzunft ist.*

Dank der zahlreichen 16 Meter hohen Fenster fällt viel Licht in den Raum und erhöht durch die Schattenbildung den räumlichen Effekt der Pfeiler und Streben. Weiter wandert der Blick zu dem Sakramentshäuschen, das als eines der schönsten in Franken gilt. Auch hier wieder filigranes Blendmaßwerk und viele Statuen. Dass die ursprünglich hölzerne Spitze durch eine aus Stein ersetzt wurde, tut der Wirkung keinen Abbruch. Und so gibt es noch viele Schönheiten zu entdecken, wie die teilweise neugotischen Altäre mit ihren Statuen oder die reich verzierte Kanzel.

Nach der Besichtigung im Innenraum der Kirche besteht die Möglichkeit, Dinkelsbühl aus der Vogelperspektive zu bewundern. 222 Stufen führen auf den Turm des Münsters, von wo man einen grandiosen Blick auf die hohen Dächer hat und das Flair der „schönsten Altstadt Deutschlands" mit ihrer Stadtmauer und den vielen Türmen genießen kann.

● **Münster St. Georg, Altrathausplatz 2, 91550 Dinkelsbühl**

Schönes Spiel!

 23 *Golfclub Herzogenaurach in Burgstall*

Golf ist eine Beschäftigung für gelangweilte Herren vorgerückten Alters mit dickem Geldbeutel. Dieses Vorurteil ist heute weitgehend ausgeräumt. Golf ist Sport! Fast alle Muskeln des Körpers werden beansprucht, und der Akteur verbrennt beim Weg über den Platz einiges an Kalorien. Dass Bewegung in der Natur gesund ist, weiß jeder. Inzwischen sieht man auf den Golfplätzen natürlich auch Frauen. Junge Menschen und sogar Kinder haben Spaß mit dem weißen Ball. Im südlichen Ortsteil Burgstall befindet sich das Gelände des Herzogenauracher Golfclubs. Auf der Höhe gelegen schmiegt sich der Platz in die fränkische Landschaft ein, bildet keinen Fremdkörper in der Natur und ist doch ein sportlich anspruchsvolles Gelände. Bevor ein Ball in dem dafür vorgesehenen Loch verschwinden kann, muss er erst an zehn Teichen, diversen Wasserläufen und 58 Bunkern vorbeigeschlagen werden. Jeder kann sich hier glücklich golfen. Er muss nur wochentags ein Handicap von −45 und am Wochenende von mindestens −36 mitbringen.

TIPP *Anschließend im Gasthaus Heller in der Hauptstraße, der einzigen, noch existierenden Brauerei Herzogenaurachs, ein Bier trinken.*

Wer noch etwas Übung braucht, kann die Driving Range mit acht überdachten Abschlagplätzen zum Training nutzen. Eine hervorragende Möglichkeit, gezielt zu trainieren oder auch im Winter den Schläger zu schwingen, um keinen Rost anzusetzen, bietet die Indoor-Golfanlage. Hier kann der Golfer sowohl auf dem eigenen Platz als auch auf den interessantesten Golfplätzen der Welt trainieren. Er steht im Trockenen, vor sich die wandfüllende Simulation. Jeder Schlag wird von zwei Kameras aufgezeichnet, und alles wird genauestens berechnet. Ein Vergnügen, das auch mit mehreren zu genießen ist und gleichzeitig ein fantastisches Training. Golf digital! Hier ist es möglich. Damit der Gewichtsverlust wegen der abtrainieren Kalorien nicht zu groß wird, gibt es natürlich auch ein Clubrestaurant. Im „Il Giardino" wird die gute italienische Küche gepflegt, die Kohlehydrate besonders in Form von Pasta schnell wieder ergänzt. Und zum Schluss trinkt man ein Gläschen Wein auf das verbesserte Handicap.

○ **Golf-Club Herzogenaurach e.V., Burgstall 1, 91074 Herzogenaurach, Tel. (0 91 32) 4 05 86**
www.golfclub-herzogenaurach.de

Gebacken oder blau?

24 *Karpfenessen am Lauberberg in Höchstadt*

Vor langer Zeit pilgerten die Gläubigen auf den Lauberberg, um in der Wallfahrtskirche beim Heiligen Antonius um Beistand zu bitten. Heute steht an Stelle der großen Kirche eine kleine Kapelle, neben der sich das Grab der Seherin Sibylla Weis befindet, und die Menschen pilgern weniger zu dem Heiligen als vielmehr in das Gasthaus Lauberberg. Da geht es vor allem in den Monaten mit „r" hoch her, denn dann ist Karpfensaison, und auf die wartet der kulinarisch verwöhnte Mittelfranke sehnsüchtig. Endlich im September kann man wieder Karpfen essen! Sonja Dürrbeck bereitet die beliebten Fische am Wochenende zu. Am häufigsten wird der Karpfen gebacken bestellt, das heißt, der halbe Fisch wird in Mehl paniert und im Fett ausgebacken. Dadurch bekommt er eine rösche Haut, die Flossen und der Schwanz sind sehr knusprig und deshalb besonders beliebt. Weil der Karpfen viele Gräten im Rücken hat, die man mühsam herauspulen muss, bevorzugen immer mehr Menschen das Karpfenfilet, bei dem das Fleisch mit dem Grätenschneider oder von Hand in schmale Streifen und die Gräten dadurch in millimeterkleine Stückchen zerschnitten werden, die beim Essen nicht mehr stören. Karpfen wird aber auch in vielen anderen Varianten zubereitet, von denen der Karpfen blau, also in Weinsud gekocht, und der Pfefferkarpfen besonders gefragt sind. Manche Gaststätten bieten den Karpfen geräuchert, mit raffinierten Soßen, als Suppe, Karpfenbratwurst oder Karpfensushi an.

Auf dem Lauberberg wird der Aischgründer Karpfen traditionell serviert. Im Aischgrund gibt es über 7000 Teiche. Die einzelnen Weiher sind nicht sehr groß, aber oft hängen mehrere aneinander und prägen so das typische Landschaftsbild der Gegend. 14 davon gehören der Familie Dürrbeck, und die Männer haben mit dem Abfischen der Weiher und dem Beliefern des Gasthauses gut zu tun.

Dort genießt der Gast den gebackenen oder blauen Karpfen, der köstlich nach Fisch schmeckt und kein bisschen „moselt" (also nicht nach Schlamm schmeckt), ein kulinarisches Glücksgefühl ohnegleichen.

· ·

Gasthaus Lauberberg, Antoniuskapelle 1, 91315 Höchstadt, Ortsteil Sterpersdorf
Am besten mit dem Auto zu erreichen

Ein Herz für Tiere

25 *Das Tierheim in Nürnberg*

Das Tierheim in Nürnberg ist ein großes ansprechendes Haus am Waldrand. Schon von Weitem hört man Hundegebell und fragt sich, wieso ein Tierheim in ein Buch für Glücksorte passen soll. Hier sind doch nur Tiere untergebracht, die keiner haben will. Und so betritt der interessierte Tierfreund das Tierheim mit gemischten Gefühlen. Gleich rechts befindet sich die Katzenabteilung. Wie in einem Hotel aus Glas leben die Katzen hier. Sie haben alles, was so ein Stubentiger zum Leben braucht und sehen gesund und zufrieden aus. Trotzdem spürt der Besucher, dass das Glück noch nicht vollkommen ist.

Die Hundeabteilung kann man nicht verfehlen, denn das Bellen leitet besser als ein Navi. Jeder Hund hat ein Zimmer mit Terrasse und empfängt die Besucher lautstark. Auch wenn das Bellen anfangs etwas böse klingt, zeigt der heftig wedelnde Schwanz, dass sich der Hund freut. Zoey, eine kleine Yorkshire-Mischlingsdame, ist besonders laut und wedelt, als wollte sie abheben. Der Informationstext am Gitter verrät, dass sie ein Augenleiden hat. Vielleicht will sie dieses Manko mit ihrer lauten Stimme wettmachen. An einigen Hundekäfigen hängen Leinen. Diese Hunde haben Paten gefunden, die mit ihnen mehrmals wöchentlich spazieren gehen. Ideal für Menschen, die gerne einen Hund hätten, aber zu Hause keinen halten können oder dürfen. Ein bisschen Glück für beide ist das schon.

In der Katzenabteilung des Welpenhauses sitzt ein Junge in einem Katzenzimmer. Er hält eine junge Getigerte im Arm und streichelt sie, während die drei Katzengeschwister ihn zum Kletterbaum erklärt haben. Es ist entzückend zu beobachten, wie die Kleinen voller Begeisterung auf dem Jungen herumturnen. Aber am schönsten ist es, das Gesicht des Jungen anzusehen, das vor Glück strahlt. Wenn Mensch und Tier ihre Zuneigung zueinander entdecken und das Tier aus dem Tierheim bei einem glücklichen Menschen ein glückliches Leben führen kann, dann passt ein Tierheim ideal ins Glücksortebuch.

▶ Tierheim Nürnberg, Stadenstraße 90, 90491 Nürnberg, Tel. (09 11) 91 98 90
www.tierheim-nuernberg.de
▶ ÖPNV: Bus 46 Haltestelle Martha-Maria-Krankenhaus, Fußweg ca. 10 Minuten

Allmächd na

26 *Comödie in Fürth*

Mittlerweile dürften sie in ganz Deutschland bekannt sein, die berühmten Fürther Komödianten und Kabarettisten Volker Heißmann und Martin Rassau. Seit ihrer Jugendzeit stehen sie gemeinsam auf der Bühne. Vor allem in ihrer Paraderolle als die Witwen „Waltraud und Mariechen" sorgen sie für Lachstürme. Mit Ironie, oft auch derbem Humor nehmen sie alles aufs Korn, was das tägliche Leben an Themen bietet. Waltraud tritt auf als die elegante Frau von Welt, von Kopf bis Fuß im Zebralook gekleidet, während Mariechen, die bunte, schrille, aber eher schlicht denkende Partnerin, allein schon mit ihrer grandiosen Mimik die Lachmuskeln strapaziert. Als Heißmann und Rassau sind die Herren in ihren Kabarett- und Sketchprogrammen ebenso wie in Boulevardkomödien zu bewundern. Und das nicht nur in Fürth. Sie touren durch ganz Deutschland und treten häufig im Fernsehen und im Rundfunk auf. Es gibt die beiden aber auch einzeln. In seinen Soloprogrammen begeistert Volker Heißmann mit sonorer Baritonstimme, während sich Martin Rassau der Oper widmet und sie auf Fränkisch dem Publikum näherbringt. Darüber hinaus engagieren sie sich für soziale Belange.

Ihre Bühnenheimat haben die beiden in dem Jugendstilbau des Berolzheimerianums mitten in Fürth gefunden. Sie ließen das Gebäude, das der Stadt Fürth gehört, aufwendig sanieren und wurden zu Mitgeschäftsführern der „Comödie Fürth", die zu einem der erfolgreichsten Privattheater aufstieg. Über 100.000 Besucher sehen jährlich die bis zu 300 Vorstellungen, die im großen Saal mit über 380 Plätzen oder im „Lachsalon" mit knapp 80 Sitzen stattfinden. Neben Heißmann & Rassau tritt hier alles auf, was in der deutschsprachigen Comedy-Szene und darüber hinaus Rang und Namen hat, wie Lisa Fitz, Monika Gruber oder Max Uthoff.

Zum Glück gibt es im Haus auch noch ein gemütliches Restaurant, in dem man sich vor oder nach der Vorstellung in der Comödie stärken kann. Allmächd na, dou bist etz glickli!

· ·

▶ **Comödien Fürth, Comödien-Platz 1, 90762 Fürth**
www.comoedie.de
▶ **ÖPNV: U1 Fürth Hauptbahnhof**

Gold leuchtet auch bei Regen

 27 *Königsplatz in Schwabach*

Es gibt Plätze, die sind nur bei Sonnenschein reizvoll. Der Schwabacher Königsplatz kann auch bei Schauerwetter das Herz erfreuen. Im Zentrum des Platzes steht der „Schöne Brunnen" und plätschert mit dem Regen um die Wette. Die Figuren des Barockbrunnens entstammen der griechischen Mythologie. Auf zwei vergoldeten Reliefmedaillons sehen sich Markgraf und Markgräfin tief in die Augen. Um den Brunnen herum sind am Freitag und Samstag Marktstände aufgebaut, die vor allem Produkte aus der Region anbieten und eine Unterstellmöglichkeit bei Regen. Sonnenersatz liefern die vielen gelben Blumen an den Ständen. Sie leuchten den Regen einfach weg.

Prächtig anzusehen sind auch die Häuser, die den Marktplatz begrenzen. Allen voran das Rathaus an der Ostseite. Gerade kommt für einige Sekunden die Sonne heraus und bringt die frisch gewaschenen Golddächer der beiden Rathaustürmchen zum Strahlen. Durch den Kauf von 2000 blattvergoldeten Ziegeln finanzierten die Bürger diese goldenen Dächer bei der Generalsanierung im Jahr 2001. Man muss also nicht bis nach Innsbruck fahren, um ein „Goldenes Dachl" zu sehen.

TIPP *Beim Vizeweltmeister „Eiscafé De Rocco" leckeres Eis probieren.*

Gegenüber dem Rathaus befindet sich das Gasthaus „Goldener Stern". Es hat natürlich ein goldenes Gasthausschild, eine Goldschlägerstube und bietet mit Blattgold verzierte Gerichte an. Die Südseite des Platzes dominiert die Fürstenherberge, ein imposantes Barockgebäude, das seinen Namen wegen der illustren Gäste erhielt. Eine Zeitlang trug das Gasthaus den Namen „Zur goldenen Gans". Schon wieder das Edelmetall: Eine goldene Gans ist im Giebel des Hauses zu sehen, ebenso sind Balkongeländer und Torbogenverzierungen vergoldet.

An einem Laternenpfosten hängt ein Schild, das wunderbar hierher passt: „wou mä gern is und net einsam". Also wiederkommen! Das Auto steht in der Tiefgarage unter dem Platz. Bequemer geht's nicht.

● **Königsplatz, 91126 Schwabach**
www.schwabach.de

Die Sonne im Fluss versenken

 28 *Qigong im Barth-Park in Lauf*

Man trifft sich in dem kleinen, sehr romantischen Barth-Park mit dem alten und artenreichen Baumbestand, der den Hang hinunter bis ans Pegnitzufer reicht. Es gibt viele Bänke und ganz verschämt, auf keinen Fall stören wollend, im hintersten Winkel einen kleinen Kinderspielplatz mit einer Sitzgruppe für die Muttis und die Spielpause. Schon wenn man durch das schmiedeeiserne Tor den Park betritt, fällt der Blick auf ein kleines Teehaus, direkt an der Pegnitz, flankiert von zwei stattlichen Trauerweiden. Hier hat sich die Gruppe zu „Qigong im Park" versammelt. Bei dieser Veranstaltung in den Sommermonaten kann jeder umsonst und ohne Anmeldung, unter Anleitung einer ausgebildeten Lehrerin, Qigong kennenlernen und üben.

Qigong stammt aus der chinesischen Medizin und meint so viel wie „Arbeit an der Lebensenergie". Ist das Qi, also die Energie im Fluss, so sind wir gesund an Körper, Geist und Seele. Drei Goldene Schlüssel verhelfen uns dazu: Körperhaltung trainieren, Atmung regulieren und Geist kultivieren. Langsame, fließende Körperübungen unterstützen den Fluss des Qi. Oft haben sie sehr poetische Namen wie „Den Himmel mit den Händen stützen" oder „Der Kranich breitet seine Flügel aus". Eine ganze Übungsreihe sind beispielsweise die „Acht Brokate".

TIPP *Besuchen Sie den Park auch ohne Qigong. Er ist wirklich wunderschön und sehr entspannend.*

Es ist 19 Uhr, und die Glocken der Kirche beginnen zu läuten. Die Gruppe schwingt die Arme um den Körper, den Schwung des Glockenklöppels nachempfindend. Dann folgt eine Übung nach der anderen. Es geht langsam, sehr ruhig, ohne Anstrengung. Jeder kann mitmachen. Die Qigonglehrerin Ethel Machnitzky-Baron erklärt mit ruhiger Stimme die Übungen, und mehr als 30 Menschen folgen den Anweisungen. Von links beobachtet die untergehende Sonne das Geschehen im Park und trägt ebenso zu der entspannten und entspannenden Stimmung bei wie das Rauschen des nahen Pegnitzwasserfalls. Nach einer Stunde konzentrierten Übens geht man mit einem zufriedenen, vielleicht sogar glücklichen Lächeln ganz entspannt nach Hause.

◗ **Barth-Park, Siebenkeesstraße 13, 91207 Lauf an der Pegnitz,
Qigong im Park Infos: www.qigong-gesellschaft.de**

Schneebälle zum Naschen

 Café Friedel in Rothenburg ob der Tauber

Schon im Mittelalter wurden in Franken und Oberösterreich Schneebälle gebacken, allerdings nur für Hochzeiten und größere Feste. Mönche backten sie im Winter, hoben sie bis in die Fastenzeit auf und konnten sie dann als gehaltvolle Fastenspeise verzehren. In Rothenburg werden das ganze Jahr über Schneebälle gegessen. In vielen Auslagen sieht man die runden Teile, oft bunt glasiert oder mit Nüssen und Kokosflocken ummantelt. Manche sind auch schlicht mit Zucker bestreut und lassen erkennen, wie so ein Schneeball eigentlich aussieht. In seinem gemütlichen Café erklärt Walter Friedel ganz genau, wie man einen guten Schneeball herstellt. Er macht einen „mürben Eierteig", der dann ausgerollt und bis auf einen schmalen Rand in Streifen geschnitten wird. Jeder zweite Streifen wird angehoben und anschließend zusammengefaltet. In einer Kugeleisenform werden die Bälle in heißem Fett ausgebacken. So soll ein knuspriges Gebäckstück entstehen, das man ohne großen Kraftaufwand auseinanderbrechen kann und das auch im Innern schön durchgebacken ist und nicht nach Fett schmeckt. Um das zu beweisen,

TIPP Wunderbar essen und stilvoll nächtigen kann man in der Villa Mittermeier.

holt Walter Friedel einen seiner Schneeballen und bricht ihn auf. In der Tat, er lässt sich schön zerteilen, die Farben bewegen sich von einem zarten Hellgelb im Zentrum zu einem kräftigen Hellgoldbraun in den äußeren Schichten. Es sieht lecker aus, und der Duft ist verführerisch. Die Knusprigkeit des Gebäcks, die man schon beim Auseinanderbrechen erahnen konnte, wird beim Hineinbeißen bestätigt. Eine unaufdringliche Süße mit einem Hauch von Zitrone breitet sich aus. Es schmeckt! Sichtlich erfreut, dass sein Gebäck gut ankommt, strahlt Herr Friedel und erzählt, dass er viel Wert auf gute Zutaten legt. Um diese Qualität von anderen zu unterscheiden, nennt er seine gezuckerte Variante „Original Rothenburger Schneeballen", die gefüllten oder mit Glasur überzogenen Bälle heißen, markenrechtlich geschützt, „Tauberkugeln". Hinfahren und probieren – es lohnt sich!

Bäckerei-Konditorei-Café Walter Friedel, Markt 8, 91541 Rothenburg ob der Tauber, Tel. (0 98 61) 78 18
www.original-rothenburger-schneeballen.de

Das Pferd vor dem Schloss

 Anscavallo in Ansbach

Was wäre Ansbach ohne sein Pferd? Was wäre die barocke Residenz mit dem riesigen, versteinerten Platz davor ohne das Metallpferd, das so kontroverse Diskussionen auslöst? Man muss es gesehen haben, um mitreden zu können. Der Bildhauer Jürgen Goertz hatte die Idee, denn es ging um einen Ideenwettbewerb zur Gestaltung des Platzes, ein Pferd (italienisch: cavallo) für Ansbach (Abkürzung: Ans) zu gestalten. So entstand das Anscavallo, eine Bronzeplastik, die es in sich hat. Das Pferd steht auf zwei unterschiedlichen Sockeln, einen für das gedrechselte Vorderbein und einen für das Doppelhinterbein mit dem Barockprofil. Über den Beinen der fast kugelförmige Körper, der aussieht, als hätte ihn der Künstler auseinandergeschnitten und mit Röhren wieder verbunden, um einen Rücken zu schaffen und damit Platz für einen Reiter. Das Vorderteil zeigt deutlich den Bezug zur Technik, denn die Mähne besteht aus Zahnradteilen. Besonders auffallend sind die drei farbigen Augen. Die Ansbacher sagen, dass zwei Augen nach vorne sehen, aber das dritte, kritische Auge sei auf die Regierung in der Residenz gerichtet. Das Hinterteil des Pferdes ist Symbol für die Natur, denn der zerzauste Pferdeschwanz besteht aus gegossenen Rebholzhaaren. Dass es beim Anscavallo hinten natürlich zugeht, zeigt auch der durchaus organisch wirkende Ausgang der Pferdeäpfel, die dann vergoldet auf dem Sockel liegenbleiben. Warum sie golden sind, mag sich der geneigte Besucher selbst überlegen. Interpretationsmöglichkeiten gibt es genug.

TIPP Natürlich ist auch die Residenz einen Besuch wert.

Warum hat Jürgen Goertz ausgerechnet ein Pferd auf den Residenzplatz gestellt? Sicher als eine Erinnerung an Ansbach als Garnisonsstadt. Vielleicht auch eine Erinnerung an die tragische Figur der Stadt, Kaspar Hauser, dessen Spielzeug ein Holzpferdchen war. Und nicht zuletzt ein Symbol für Fortschritt, für die Bedeutung von Natur und Technik.

Wer sich mit Anscavallo anfreunden konnte, sollte aufmerksam durch die Stadt gehen, denn es gibt noch mehr interessante Goertz-Skulpturen zu bewundern.

⬤ Anscavallo, Schlossplatz, 91522 Ansbach, Infos unter Tel. (09 81) 51 243
www.ansbach.de

Technik mit Aussicht

31 *Wasserturm in Tauchersreuth*

Aussicht genießen, angenehm wandern und ein besonderes Technik-denkmal bestaunen kann man in Tauchersreuth, einem kleinen Ortsteil von Lauf, der auf dem Gipfel eines Hügels liegt. Die Höhenstraße führt hinauf zu dem hölzernen Wasserturm, der das Dorf von 1907 bis 1976 mit frischem Trinkwasser versorgt hat. Er wurde wieder restauriert und ist voll funktionsfähig. Ein hydraulischer Widder, das ist eine Pumpe, die nur von Wasserkraft angetrieben wird, pumpt das Wasser hinauf und speist jetzt einen Brunnen, der neben dem Turm erschöpften Wan-derern und Radfahrern Erfrischung bietet. An besonderen Tagen kann der Wasserturm besichtigt werden. In der übrigen Zeit informiert eine Schautafel über die Funktion. Nachdem man sich mithilfe der histori-schen Wasserversorgung erfrischt hat, sollte ein bisschen genießerisches Schauen erlaubt sein. Eine Bank lädt ein, in Ruhe den grandiosen Blick zu genießen, der sich hier oben bietet. Zur Linken schimmern zwischen den Bäumen die Berge der Hersbrucker Schweiz, nach vorn gleitet der Blick über die bewaldeten Hügel des Nürnberger Landes. Ganz in der

TIPP Am anderen Ortsende eine ebenso wunder-bare Aussicht auf die Fränkische Schweiz.

Nähe erkennt man Oedenberg. Der kleine Ort kuschelt sich, umrahmt von Bäumen und Feldern, in eine Senke. Der hungrige Wanderer genießt diesen Anblick ganz be-sonders, denn in Oedenberg gibt es zwei hübsche Gast-häuser mit schattigen Biergärten unter Bäumen und gutem

fränkischem Essen. Ganz hinten am Horizont erkennt man Nürnberg. Der Fernmeldeturm und der Businesstower, die beiden höchsten Ge-bäude der Stadt, strecken sich weit in den Himmel und verschwimmen schon ein bisschen im Dunst. Da nähert sich ein Flugzeug. Lautlos geht es in den Sinkflug und verschwindet im Wald. Die Landung auf dem Nürnberger Flughafen dahinter bleibt verborgen. Hier oben stört nicht einmal das Flugzeug den Sonntagsfrieden, nur das leise Läuten von Kirchturmglocken in der Ferne betont die Stille und erzeugt zusammen mit der famosen Aussicht ein Gefühl der Lebensfreude und des Glücks.

○ **Wasserturm Tauchersreuth, Höhenstraße, 91207 Lauf an der Pegnitz**
www.wasserturm-tauchersreuth.jimdo.com

Höher – weiter – schneller

 32 *Abenteuerwald Enderndorf in Spalt*

Schwindelfrei sollte man sein, und Höhenangst ist ungünstig. Aber wer gern in luftigen Höhen unterwegs ist, findet hier sein Glück. Der Abenteuerwald Enderndorf bietet Nervenkitzel für Menschen ab sechs Jahren. Am Hang, der relativ steil zum Igelsbachsee abfällt, sind die acht Stationen des Kletterparks zwischen den Bäumen versteckt. Gut, dass die Wege mit hellen Holzspänen belegt sind, sonst würden die Kletterer gar nicht von einem Luftabenteuer zum nächsten finden. Jede Station beginnt mit einem Baum, an dem sich ein Podest in unterschiedlicher Höhe befindet. Zuerst einmal gilt es, den Ausgangspunkt zu erklimmen, um dann, gesichert mit Klettergurt und Seil, über Hängebrücken, Steigbügel, Netze, Balken, Wackeltunnel, Drahtseile und sonstige Hindernisse zum nächsten Podest zu gelangen. Am Ende des Parcours bringt eine Seilbahn den mutigen Kletterer wieder auf den sicheren Boden zurück. Strahlende Gesichter zeigen dem vielleicht etwas ängstlich aussehenden Beobachter, wie toll es dort oben war. Immerhin geht es bis in 14 Meter Höhe hinauf. Das sieht von unten schon beeindruckend aus, wenn die relativ klein wirkenden Menschlein weit oben über fast nichts von einem Baum zum andern wandern.

Für Abenteurer, die neben der Höhe auch noch die Geschwindigkeit für den ersehnten Kick brauchen, gibt es die Station neun. Von dort aus geht es am Seil hängend 560 m weit über den Igelsbachsee mit bis zu 60 Stundenkilometern, schneller als die vorgeschriebene Höchstgeschwindigkeit im Ort. Um den Adrenalinspiegel wieder zu senken, läuft man gemächlich über den Damm zurück oder lässt sich mit dem Shuttleboot zum Abenteuerwald zurückfahren.

Die gemütlichere Alternative zur Seeüberquerung ist die Fly-Line. Im Paraglidergurt sitzend fährt man an einem 560 Meter langen Rohrsystem entlang den ganzen Hang hinunter bis zum See. Die Reise dauert über drei Minuten. Damit es nicht zu langweilig wird, sind zwischen den Bäumen 75 Kurven eingebaut. Ein kleiner Kick muss sein.

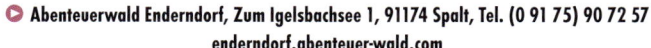

Abenteuerwald Enderndorf, Zum Igelsbachsee 1, 91174 Spalt, Tel. (0 91 75) 90 72 57
enderndorf.abenteuer-wald.com

Der Elefant unter der Erde

33 *Maximiliansgrotte in Krottensee*

Menschen, die ihr Glück unter der Erde suchen, werden in der Maximiliansgrotte fündig. Die Lage mitten im Wald mit der kleinen Schutzhütte und der unscheinbare Eingang sorgen für eine gewisse Erwartungshaltung. Und es ist schon eine abenteuerliche Reise in die Unterwelt, die da mit dem kalten Luftzug aus dem Berg beginnt. Obwohl die Höhle inzwischen elektrisch beleuchtet ist, bleibt es recht duster und geheimnisvoll. Zuerst einmal geht es viele Stufen hinunter in das Innere des Bergs, bevor sich die Schätze der Höhle offenbaren. Der erste Höhlenraum ist der Leissnerdom, wo in 26 Metern Höhe ein Loch das Tageslicht hereinlässt. Im Spanischen Erbfolgekrieg wurden im Kampf gefallene Soldaten durch das „Windloch" geworfen und fanden so in der Höhle ihre letzte Ruhestätte. Etwas besser erging es einer psychisch kranken Frau, die sich vor fast 200 Jahren in das Windloch stürzte. Nach fünf Tagen konnte sie lebend aus der Tiefe geborgen werden.

Was die Höhle aber interessant macht, sind die Tropfsteine, die hier in Jahrmillionen aus kalkhaltigen Wassertropfen zu mächtigen Stalagmiten

TIPP Den Geschmack der Höhle kann man sich als Grottenkäse mit nach Hause nehmen. Er wird vor Ort verkauft.

(vom Boden aus) und Stalaktiten (von der Decke herab) heranwuchsen. Auf dem oft engen und niedrigen Weg durch das Höhlensystem begegnet man den skurrilsten Figuren, die die Tropfsteine gebildet haben. Eine Orgel, ein Elefant, eine Muttergottes, ein Adler und viele andere große und kleine Gebilde sind mit mehr oder weniger Fantasie zu erkennen. Der wichtigste Stalagmit der Höhle ist der Eisberg, der der größte Tropfstein Deutschlands sein soll.

Bald ist die Reise durch die Unterwelt zu Ende. Es ist spannend, die zum Teil recht gruslige Geschichten aus der Vergangenheit zu hören, und es ist faszinierend zu sehen, welche Kostbarkeiten die Natur in unvorstellbar langen Zeiträumen geschaffen hat. Glücklich verlassen alle die Höhle. Die einen, weil sie das interessante Erlebnis genossen haben, andere sind vielleicht einfach nur froh, wieder am Tageslicht zu sein.

● Maximiliansgrotte, 91275 Neuhaus/Krottensee
● Verwaltung der Maximiliansgrotte: Familie Lohner, Grottenhof, 91284 Neuhaus/Krottensee, Tel: (0 91 56) 4 34, www.maximiliansgrotte.de

Was ist Tragant?

 Das deutsche Weihnachtsmuseum in Rothenburg

Ein paar Stufen hinauf – und schon ist man in einer anderen Welt, schwebt über den Sternen, die auf dem hellblauen Teppich erstrahlen. Dezente Weihnachtsmusik begleitet den Besucher durch die verwinkelten Räume des historischen Gebäudes. Hinter jedem Durchgang erwartet ihn eine neue Überraschung auf der Reise durch die Jahrhunderte der Weihnachtsdekoration. Während die Christbäume anfangs nur mit Essbarem geschmückt wurden, kamen im Laufe der Jahrhunderte immer aufwendigere und kostbarere Dekorationen hinzu. Die Reise durch das Weihnachtsmuseum endet Mitte des 20. Jahrhunderts, und ältere Besucher werden den Christbaum ihrer Kindertage wiederfinden.

Vielfältig sind die Materialien, aus denen der gezeigte Schmuck hergestellt wurde. Dekorationen aus Papier, Watte, Metall oder Springerle aus Teig sind den meisten bekannt. Zu den nicht alltäglichen Ausstellungsstücken zählen wohl die kleinen, filigran gearbeiteten Gebilde aus Tragant. Das ist eine weiße Harzmasse, die mit Rosenwasser, Eiweiß, Zucker und Stärke vermischt eine feinporige Modelliermasse ergibt. Vor allem in der Biedermeierzeit wurden die Figürchen in Holzmodeln gepresst, nach der Trocknung bemalt und oft mit Gummiarabikum lackiert, sodass sie wie Porzellan aussehen. Eine Abteilung mit Weihnachtspyramiden und Holzfiguren aus dem Erzgebirge erinnert an die Heimat der Wohlfahrts.

TIPP *Im Laden, der zum Weihnachtsmuseum gehört, kann man sich mit modernem Weihnachtsschmuck eindecken.*

Warum gibt es gerade hier ein Weihnachtsmuseum? Kurz nachdem Käthe Wohlfahrt ihr „Weihnachtsdorf" in Rothenburg eröffnet hatte, kam ihr Sohn Harald auf die Idee, die Geschichte der Weihnachtsdekoration in einem Museum darzustellen. Dazu mussten allerdings Exponate gefunden werden. Als Erstes kaufte er einen über einen Meter großen Weihnachtsmann und begann damit seine Sammlung, die in sieben Jahren so umfangreich geworden war, dass er 1998 mit der Konzeption des Museums beginnen konnte. Am 29. September 2000 wurde das Museum eröffnet, das den Besucher in ein Weihnachtswunderland entführt und ihn glücklich wieder entlässt.

○ **Deutsches Weihnachtsmuseum, Herrngasse 1, 91541 Rothenburg ob der Tauber, Tel. (0 98 61) 40 93 65, www.weihnachtsmuseum.de**

Raus aus dem Trubel

35 Der Beringershof in Ansbach

Shoppen macht Spaß, aber irgendwann wird jeder mal müde und möchte den Trubel in den Straßen und den Geschäften hinter sich lassen. Wie schön wäre da ein Ort, an dem man entspannende Ruhe findet und einfach mal Pause machen kann. So einen Ort gibt es in Ansbach gleich gegenüber der Kirche St. Gumbertus. Durch ein Sandsteinportal und einen Hausgang gelangt der Erschöpfte in eine Ruhezone, wie er sie sich angenehmer nicht wünschen kann. Die umgebenden Gebäude halten den Straßenlärm ab und bilden die malerische Kulisse für einen Hof, der nach dem Vorbild alter Klostergärten gestaltet wurde. Zum Empfang plätschert ein quaderförmiger Brunnen, der aus einem ockerfarbenen Elbsandstein-Monolith besteht. Daneben und dahinter befinden sich, geometrisch angeordnet, acht rechteckige Hochbeete, die vorwiegend mit Heilkräutern bepflanzt sind, aber auch mit Rosen und anderen Blumen, die in zarten Farben das ganze Jahr über blühen. Sie bilden einen angenehmen Kontrast zu den Klinkern des Bodens und dem roten Fachwerk. In einem Hochbeet wächst ein Apfelbaum. Er ist umgeben von einer großzügigen Sitzfläche, sodass man sich im Baumschatten niederlassen kann. Unter den Arkaden, die fast drei Seiten des Hofes einrahmen, stehen Tische und Stühle. Hier kann sich der Besucher vor Sonne, Wind und Regen geschützt niederlassen und sich die umgebenden Gebäude genussvoll ansehen. Besonders schön ist die Sonnenseite. Hier ranken sich an den Arkaden Wein und Kletterrosen empor zu dem Fachwerkgebäude, das seinen Abschluss in einem Treppenturm aus dem 16. Jahrhundert findet. Auch er hat im oberen Teil Fachwerk und zeigt durch die schrägen Fenster den Verlauf des Treppenhauses an.

Der Beringershof mit seiner abwechslungsreichen Architektur, der wohltuenden Bepflanzung, dem entspannenden Plätschern des Brunnens ist ein Ort, an dem man seine Energien neu aufladen kann und anschließend gut gestärkt in den Alltag zurückkehrt.

● **Beringershof, Johann-Sebastian-Bach-Platz 5, 91522 Ansbach**

Jugendstil im Bleistiftschloss

 Schloss Faber-Castell in Stein

Als seine Bleistiftfabrik zur Weltfirma wurde, errichtete Freiherr Lothar von Faber im Park neben der Fabrik ein Schloss. Lothars Enkelin Ottilie heiratete Alexander Graf zu Castell-Rüdenhausen, was der Familie den Namen Faber-Castell einbrachte. Die beiden ließen von 1903 bis 1906 das „Neue Schloss" erbauen. Obwohl erst hundert Jahre alt wirkt der Bau wegen der Rundbogenfenster, der Erker und Türmchen wie ein mittelalterliches Castell und symbolisiert dadurch den Namen der Besitzer. Bis 1938 bewohnte die Familie Faber-Castell das Schloss, dann wurde es von der Wehrmacht konfisziert. Nach dem Zweiten Weltkrieg zogen die amerikanischen Besatzer ein. Erst in den 1980er-Jahren wurde das Gebäude renoviert und für die Besucher geöffnet. Das Bleistiftschloss diente schon mehrfach als Filmkulisse: Szenen des Fernsehfilms Väter und Söhne von Bernhard Sinkel mit Burt Lancaster wurden hier gedreht, und auch die Hanni-und-Nanni-Filme entstanden hauptsächlich hier. Obwohl das Schloss schon von außen imposant anzusehen ist, beginnt das Herz höher zu schlagen, wenn man es betritt. Allein das Treppenhaus

TIPP Besichtigung der Bleistiftproduktion und des Museums.

aus hellem und dunklerem Marmor, verziert mit blauen und goldenen Mosaiken, ist ein Traum, vor allem für Freunde des Jugendstils. Drei Stockwerke verbindet dieses Treppenhaus. Im Erdgeschoss und im zweiten Stockwerk befinden sich die offiziellen Räume, die im Sinne des Historismus verschiedene Stile repräsentieren. Sie sind prächtig anzusehen und wären auch eines königlichen Schlosses würdig, aber den Höhepunkt bilden die Privaträume im ersten Stock. Hier dominiert wieder der Jugendstil: Wunderhübsch eingerichtete Kinderzimmer, ein Zitronenzimmer, ein javanisches Zimmer und andere Räume begeistern den Besucher. Besonders interessant sind das Damen- und Herrenbad, beide mit versenkter Badewanne und einer Dusche für die Herren, das Damenbad mit reichlich Goldmosaik. Leider hat man nur einmal im Monat das Glück, dieses Traumschloss besichtigen zu dürfen, umso glücklicher ist jeder, der all dies bestaunt hat.

> Schloss Faber-Castell, Nürnberger Str. 2, 90547 Stein, www.faber-castell.de
> ÖNVP: U2 Haltestelle Röthenbach, Bus 63, 64, Haltestelle Nürnberg Stein Schloss

Back to the roots

 37 *Bergwaldtheater Weißenburg*

Na, schon mal im Theater oder Konzert auf einem Wurzelplatz gesessen? Wahrscheinlich nicht, denn das gibt's wohl nur im außergewöhnlichen Bergwaldtheater in Weißenburg. Umgeben von alten Laubbäumen, in der Mulde eines ehemaligen Steinbruchs, findet man eine nicht alltägliche Kulisse für Oper und Operette, Klassik, Musical, Rock und Pop, Kabarett und Theater. Das alles steht alljährlich von Mai bis Anfang August auf dem Programm. Die Saison wird eröffnet mit dem „Heimspiel-Festival", bei dem auf zwei Bühnen Bands aus der Umgebung bis zu 4000 Besucher mitreißen. Im Juni beginnt dann die Theatersaison mit wechselnden Stücken. Einzig „Der Brandner Kaspar" fährt jedes Jahr mit seiner Kutsche auf die Bühne. Auch ein Theaterstück für Kinder ist immer dabei. 2019 hatte das Bergwaldtheater seinen 90. Geburtstag. Der wurde mit einem Stück, genannt „Der Lebkuchenmann", das der Stadtschreiber Franzobel eigens für das Bergwaldtheater schrieb, gefeiert. „Ein Stück über die Geschichte Weißenburgs, über richtiges und falsches Handeln, über beherztes Eingreifen und letztlich die Frage: Was kann man aus der Geschichte lernen?" So wird es auf der Homepage beschrieben. Neben professionellen Schauspielern wirkten auch über hundert Weißenburger Bürger mit. Ein Stück, nicht nur für das Bergwaldtheater, sondern für die ganze Stadt.

TIPP Die Römer haben vielfältige Spuren hinterlassen. Zu finden in diversen Museen.

Eigentlich wird auf dem Gelände schon seit 200 Jahren Theater gespielt, aber erst 1929 wurde das Theater, wie es heute noch ist, eingeweiht. Zuerst gab es nur Laiendarsteller zu sehen, nach dem Krieg nutzte das Theater Nürnberg das Freilufttheater, und seit 1973 treten hier wieder Künstler aus ganz Deutschland auf.

Das Bergwaldtheater ist ein Muss für jeden, der die Verbindung von Natur und Kultur einmal miterleben möchte, besonders naturnah und preisgünstig auf dem Wurzelplatz zu Füßen eines mächtigen Baumes (Sitzkissen mitzubringen ist erlaubt), oder etwas bequemer auf den Holzbänken. Einige glückliche Stunden sind gewiss.

🔴 Bergwaldtheater Weißenburg, Holzgasse, 91781 Weißenburg in Bayern
🔵 Info: Kulturamt Weißenburg, Pfarrgasse 4, 91781 Weißenburg in Bayern, Tel. (0 91 41) 90 73 30
www.bergwaldtheater.de

Blick von der Bleistiftspitze

 38 *Aussichtsturm Cadolzburg*

Für den Stadtbewohner gibt es nichts Schöneres, als am Sonntag hinaus aufs Land zu fahren. Das war vor 100 Jahren nicht anders, und so wurde 1892 die Bahnstrecke von Fürth nach Zirndorf bis nach Cadolzburg verlängert. Von da an konnten die Fürther mit der Rangaubahn „in die Bläih", also zur Kirschblüte, reisen und im schönen Cadolzburg, das reich an Gasthäusern war, einen angenehmen Tag verbringen.

Ja, schon damals wurde etwas für den Tourismus getan. Und so beschlossen die Lokalbahn Aktien-Gesellschaft (LAG) München und die Stadt Cadolzburg einen neuen Touristenmagneten zu schaffen, der die Bahn und die Gaststätten füllen sollte. An exponierter Stelle des Ortes wurde ein Aussichtsturm im neugotischen Stil errichtet. Er ist 25 Meter hoch, viereckig und sehr schlank. Ungefähr auf halber Höhe verjüngt sich das Gebäude, um einem kleinen Balkon Platz zu machen. Einige Meter höher tragen 16 Konsolen die Aussichtsplattform, die vom weit herausragenden Dach geschützt wird. Ein Vergleich mit dem breitkrempigen, sprechenden Hut aus Harry Potter drängt sich auf. Im Volksmund bekam das Gebäude schnell den Namen „Bleistift", ein treffender Vergleich, denn aus der Ferne erinnert der schlanke Turm mit dem spitzen Dach in der Tat an einen aufgestellten Bleistift!

TIPP **Besuch der Cadolzburger Burg mit spannendem Museum.**

Fünf Stockwerke wendelt sich im Innern des Bleistifts eine Holztreppe immer an der Wand lang und deshalb quadratisch empor. Nach 143 Stufen ist die Aussichtsplattform erreicht, und der atemlose Treppensteiger wird mit dem Ausblick über den Rangau belohnt. Dabei reicht der Blick über Nürnberg hinweg bis in die Oberpfalz, auf der anderen Seite sieht man bis Fürth und Erlangen. Aus dem Cadolzburger Häusermeer ragen der Turm der barocken Markgrafenkirche und die gewaltige Burganlage des Ortes mit dem sehenswerten Museum. Auch heute noch bringt die Bahn die Fürther nach Cadolzburg, noch immer blühen die Kirschen und nach wie vor ist Cadolzburg unbedingt eine Reise wert.

● Aussichtsturm, Brandstätterstraße 50, 90556 Cadolzburg
www.cadolzburg.de

Meditation am Kraftort

Die Sophienquelle von Grünsberg

Schon immer gab es Orte, denen magische Eigenschaften zugeschrieben wurden. Diese waren vor allem in der Natur zu finden, wo sie als besonders markant, besonders schön oder besonders selten eingestuft werden. Von diesen Kraftorten geht eine starke Energie aus, die Menschen mit einem feinen Gespür wahrnehmen. Sie können sich mit der Natur verbinden und die positiven Strömungen in sich aufnehmen.

Als ein solcher Kraftort wird die Sophienquelle angesehen, die man nach einem kurzen Fußweg auf dem Fränkischen Jakobsweg von Grünsberg aus erreicht. Schon im 17. Jahrhundert nutzte die Universität Altdorf diesen Ort als Ausflugsziel. Zwischen 1724 und 1726 wurde die Quelle dann von einem Nürnberger Patrizier für seine Frau gefasst. Sie ist eine der größten barocken Quellfassungen in Deutschland, nach italienischem Vorbild in Form eines Amphitheaters errichtet. Die halbrunde Brunnenwand besteht aus Rhätsandstein mit geländerlosen Freitreppen zu beiden Seiten. Das kunstvolle Baluster-Säulengeländer über der Brunnenwand ist nicht mehr vorhanden. Die Quelle sprudelt aus der Felswand, fällt über mehrere Kaskaden in den Hauptbrunnen, von dort in einen Teich und mündet unterirdisch in die Schwarzach.

TIPP In der Nähe kann man die Burg Grünsberg besuchen, die Teufelskirche und die Löwengrube erwandern.

Ein sehr romantischer Ort, der zu einem persönlichen Kraftort werden kann. Vielleicht mit einer kleinen Atemmeditation: Such dir einen bequemen Platz, sieh dich um und nimm das Fließen des Quellwassers wahr. Dann kehre zu dir zurück und konzentriere dich auf deinen Körper. Lass die Gedanken ziehen und achte dann auf deine Atmung. Du musst nichts tun, es atmet von selber. Konzentriere dich auf die Atemzüge, fühle, wie sich die Nasenflügel bewegen und anfühlen, spüre, wie sich der Brustkorb hebt und senkt. Genieße die Entspannung eine Weile, bevor du ins Hier und Jetzt zurückkehrst. Auch Skeptikern wird diese Übung zur Entspannung verhelfen und damit zu mehr Genuss beim Wahrnehmen dieses besonderen Geotops. Vielleicht wird es ja doch ein Kraftort oder zumindest ein Ort für ein paar glückliche Augenblicke.

⬤ **Sophienquelle von Grünsberg**
⬤ **Wanderparkplatz Grünsberger Straße Richtung Burgthann, 90518 Altdorf**

Markt mit Musik

 40 *Glockenspiel in Gunzenhausen*

Die Bewohner von Gunzenhausen bezeichnen ihren Marktplatz als „gute Stube", und wer das überprüfen will, muss unbedingt einmal hier Station machen. Umrahmt wird der lang gestreckte Platz von imposanten Gebäuden, die durch ihr Fachwerk oder ihre Barockfassaden ein abwechslungsreiches Bild bieten. Viele Straßencafés und Biergärten laden ein, die Schönheiten in Ruhe zu bewundern, vor allem wenn im Sommer die Samstagskonzerte auf den Platz locken. Zudem macht der Marktplatz seinem Namen alle Ehre. Jeden Donnerstag ist Markttag. Dieser Wochenmarkt gilt als einer der schönsten in der Region und wird von Kunden aus nah und fern gerne besucht, denn hier ist alles frisch und regional: Blumen, Gemüse, Obst, Brot, Käse, Wurst, Fleisch und Geflügel bieten die Landwirte aus dem Umland an. Ein Fest für alle Sinne!

Für viele jedoch ist der Höhepunkt des Gunzenhäuser Marktplatzes der Glockenturm, der seit 1996 vor dem Gebäude der Sparkasse die Menschen mit seiner Musik erfreut. 34 Glocken unterschiedlicher Größe hängen in dem gut zehn Meter hohen Stahlgestell. Oberhalb der Glocken verraten die hierher verlegten Rathausuhren die Zeit, und darüber, im Ruhezustand hinter Glas verborgen, warten vier Tanzpaare in Altmühltaler Tracht auf ihren Einsatz.

TIPP Der Altmühlsee ganz in der Nähe ist einen Besuch wert.

Um 11, 15 und 17 Uhr, im Sommer auch noch um 13 Uhr beginnt das Carillon sein Spiel. Bei den ersten Tönen fahren die Scheiben vor den Tanzpaaren nach oben. Dann beginnt das eigentliche Konzert. Unter 80 Melodien wählt die Elektronik geeignete Musikstücke aus. Vom Weihnachtslied über das Volkslied bis zum klassischen Opus reicht das Repertoire und fordert das musikalische Gehör des Lauschenden. Ah ja, das ist die „Ode an die Freude" von Beethoven. Die Tänzer im Oberstübchen stehen still und lauschen mit. Beim Frankenlied werden die Paare aktiv und drehen sich fleißig zur Glockenmelodie. Und auch zum Lied „Am Brunnen vor dem Tore" wird getanzt. Und die Zuhörer? Sie erfreuen sich an den Tanzfiguren und raten um die Wette. Wirklich eine gute Stube, dieser Marktplatz.

🔊 **Glockenspiel Marktplatz 41, 91710 Gunzenhausen**
www.gunzenhausen.info

Frankens Biergarten Nr. 1

 Biergarten Baumhaus in Rennhofen

Auf alle Fälle sollte der Besucher sein Auto vorschriftsmäßig auf dem ausgedehnten Parkplatz abstellen, denn sonst muss er dem Wirt etliche Liter Bier als Strafe bezahlen. So „droht" zumindest ein – ironisch gemeintes – Schild am Eingang. Wenn das Auto dann ordentlich geparkt ist, geht es über die Straße in einen Biergarten, der der Größe des Parkplatzes durchaus angemessen ist. Was immer man sich unter einem Biergarten vorstellen mag, hier werden alle Erwartungen getoppt. Schon bei der Auswahl eines geeigneten Sitzplatzes hat man die Qual der Wahl: Baumschatten, Überdachung, Sonnensegel oder Sonnenplatz? Kaffeehaustisch, Bierbank, Gasthausbestuhlung, Liegestuhl? Naturfarben, naturbelassen oder bunt? Zentral gelegen, eher am Rand oder vielleicht auf der erhöhten Plattform für die bessere Aussicht? Hat der Gast dann seinen Platz in der gewünschten Form und Farbe gefunden, gilt es, die Speisen zu wählen, denn inzwischen quälen Hunger und Durst. Zum Glück wird das Wichtigste in der Mitte des Biergartens verkauft. In einem kleinen Haus neben der großen Trauerweide werden Getränke von „soft" bis „hart" und die angesagtesten Biergartenspeisen wie Pfannengyros, Schaschlikpfanne, Currywurst, Schnitzel, Steak, Bratwurst, Frühlingsrolle und ein wechselndes Tagesgericht angeboten. Drum herum gruppieren sich die Pizzastation mit dem Wahlzettel für den Belag, die Salatbar mit den hausgemachten Dressings, das Café und die Eisdiele. Hier tauchen dann auch Kinder auf, die ansonsten kaum zu sehen sind, denn sie vergnügen sich auf dem angrenzenden Spielplatz, der alles bietet, was das Kinderherz begehrt, vom Hüpfkissen bis zum Elektroauto. Ach ja, da gibt es auch noch die Brotzeitscheune, in der das verkauft wird, was man in einem Biergarten erwartet, nämlich Brot, Wurst, Käse und einen Rettich.

Was will der fränkische Biergartenbesucher mehr? Offensichtlich nichts, denn das „Baumhaus Rennhofen" wurde 2017 zum schönsten Biergarten Frankens gewählt. Also, auf geht's!

Baumhaus, Rennhofen 23, 91448 Emskirchen-Rennhofen, Tel. (0 91 61) 6 19 96
www.baumhaus-rennhofen.de

Ab ins Heu

42 *Heuhotel Fischbeck in Vorra*

„So alt hab' ich werden müssen, bis ich mal mit fünf Damen gleichzeitig ins Heu kriechen durfte", schwärmt glücklich ein 86-jähriger Radler, der zufällig gleichzeitig mit einer Damengruppe im Heuhotel übernachtete. Ja, eine Geschlechtertrennung gibt es in diesem Hotel nicht. Jeder sucht sich seinen Platz im dick aufgeschütteten Heu, egal ob Mann oder Frau, Alt oder Jung. Radler kommen hierher, Bootsfahrer von der Pegnitz, die direkt am Haus vorbeifließt, Wanderer und eben auch Menschen, die eine besondere Art des Übernachtens suchen. Jugendgruppen, Schulklassen und Familien mit Kindern verbringen eine abenteuerliche Nacht im Heu. Schade nur, dass die „Chefs" immer dabei sind. Die bekommen die Matratze auf dem Podest zwischen den beiden Heulagern, sodass sie ihre Schäfchen im Auge behalten können. Nach dem Duschen – diesmal mit Geschlechtertrennung – geht es zum Frühstücken in den gemütlichen Aufenthaltsraum gleich nebenan. Danach ist Erlebnis Bauernhof angesagt. Niedliche Kaninchen sind zu beobachten, Zwergziegen können gestreichelt werden, auf der Weide stehen mächtige Angus-Rinder, Wollschweine suhlen sich in ihrem Gehege, und nicht zuletzt begeistern die beiden Esel, die herrlich laut schreien können. Von einem erwarteten „Ia" sind diese Geräusche allerdings weit entfernt. Damit der Tag idyllisch ausklingen kann, gibt es die Möglichkeit, auf der Terrasse zu grillen oder an der Feuerstelle einen gemütlichen Abend mit Lagerfeuerromantik zu verbringen. Anschließend geht es dann ins Heubett, das einen erholsamen Schlaf garantiert, denn die ätherischen Öle, die das Heu so köstlich duften lassen, haben eine beruhigende und entspannende Wirkung.
Wer allerdings dem Schlafen im Heu nichts abgewinnen kann oder die Zweisamkeit bevorzugt, für den gibt es noch ein kleines Doppelzimmer oder einen gelben Bauwagen im Hof – sogar mit Bademänteln für den Gang zur Toilette. Ein Plätzchen zum Glücklichsein findet hier ein jeder, der es gern natürlich möchte.

Heuhotel Fischbeck, Hauptstraße 27, 91247 Vorra, Tel. (0 91 52) 92 15 29
www.heuhotel-fischbeck.de

Harmonie der Gegensätze

43 *Neues Museum in Nürnberg*

Eleganz, Harmonie, Offenheit: Mit diesen Eigenschaften besticht das Staatliche Museum für Kunst und Design am Nürnberger Klarissenplatz. Selten wurde eine städtebaulich schwierige Situation mit so leichter Hand gelöst. Eine 100 Meter lange, konkav geschwungene Glasfassade öffnet den Platz zur Altstadt hin und lässt ihn größer, geräumiger und luftiger erscheinen, als er ist. Mit einem Museumscafé und einem (begehbaren!) Wasserspiel gewinnt er zusätzlich an Attraktivität. Mittelalterliche Stadtmauer, Wohnhäuser, ein Hotel und viel fränkischer Sandstein spiegeln sich im Glas, während die freischwebende Wendeltreppe, die sich im Innern des Museums über die zwei Stockwerke emporwindet von außen gut zu erkennen ist. So gehen Alt und Neu eine beglückende Verschmelzung ein.

Hinter der Glasfassade ist das Neue Museum in drei Teile gegliedert. Ein Altbau der Jahrhundertwende beherbergt den Museumsshop, ein Kubus nimmt übereinander das Foyer, das Auditorium und den Saal für die Wechselausstellungen auf. Der größte Teil beherbergt die Ausstellung für Kunst und Design ab den 1950er-Jahren. In den offenen Räumen verschmelzen Malerei, Skulptur, Fotografie, Videokunst und Installationen und Design-Exponate mit der Architektur zu einem Gesamtkunstwerk. Gleichzeitig hat der Museumsbesucher aus der oberen Etage heraus einen Blick über den Handwerkerhof hinweg, am dicken alten Frauentorturm vorbei, hinaus auf den Bahnhofsplatz. Wenn mal keine Baukräne die Aussicht trüben, ein Blick von hohem ästhetischem Reiz.

Volker Staab und seinem Berliner Architekturbüro, das war von Anfang an allen klar, ist mit dem Neuen Museum Nürnberg ein Geniestreich gelungen, für den er 2000 den Großen Nürnberger Kulturpreis erhielt. Mit einigem Stolz können die Nürnberger jetzt einen Museumsbesuch gemeinsam mit der Aura eines wunderbaren Platzes genießen.

Was die Harmonie von Alt und Neu angeht, hat das noch immer mittelalterlich geprägte Nürnberg nichts Besseres zu bieten, Volker Staab sei Dank.

- -

◑ Neues Museum, Staatliches Museum für Kunst und Design Nürnberg, Eingang Klarissenplatz, 90402 Nürnberg, Tel. (09 11) 240 20 69, www.nmn.de
◑ ÖPNV: U-Bahn Hauptbahnhof

Ritteressen & Spitzenklöppeln

 44 *Burg Abenberg*

Romantische Seelen, Franken und solche, die es werden wollen, Freunde traditionellen Kunsthandwerks, Musikfans und Mittelalterfreaks können hier ihr Glück finden – auf der Burg Abenberg, die den kleinen, gleichnamigen Ort überragt.

Musikfans werden das schmale Spitzbogentor, das in die Burganlage führt, wohl rechts liegen lassen und sich dem ehemaligen Turnierplatz, der einmalig in Bayern ist, zuwenden. Der Dichter Wolfram von Eschenbach (um 1200) beschwerte sich über den schlechten Zustand des „angers ze abenberg". Heute ist es wohl besser, denn es finden hier Open-Air-Konzerte mit bis zu 3000 Besuchern statt.

Alle anderen sollten sich in den Burghof begeben, und von hier aus all das genießen, was die Burg zu bieten hat. In einem kleinen Haus im Hof befindet sich das Abenberger Klöppelmuseum. Hier sieht man sogar seltene Metallspitzen aus Gold und Silber.

An der Geschichte Frankens interessierte Besucher werden ihre Glücksmomente in dem kleinen, mit modernen Medien gut ausgestatteten Museum erleben und können sich als „Geprüfter Franke" beurkunden lassen.

TIPP *Wer sich für das Klöppeln interessiert, sollte sich an die Spitzenklöppelschule Abenberg, Spalter Straße 1, 91183 Abenberg wenden.*

Der „Schottenturm" entstand nach dem Vorbild des Nassauer Hauses in Nürnberg. Er beherbergt heute sechs Hotelzimmer, darunter das besonders hübsche Hochzeitszimmer. Hier können die Paare übernachten, die sich im Trauzimmer das Jawort gegeben und anschließend in dem aus dem Jahr 1467 stammenden Pflegschloss genussvoll gefeiert haben. Für ein Candle-Light-Dinner vor oder nach der Eheschließung bietet sich ein romantischer Erker in einem der stylischen Burgzimmer an. Im größeren Rahmen trifft man sich zum Krimi-, Grusel- und Musicaldinner oder zu einem Abendessen mit magischer Untermalung.

Natürlich gehört zu einer Burg auch das rustikale Ritteressen, das im schaurig-schönen Gewölbekeller eingenommen wird, der dadurch zum Glücksort für alle Mittelalterromantiker wird.

● **Hotel Burg Abenberg, Burgstraße 16, 91183 Abenberg, Tel. (0 91 78) 98 29 90**
www.hotel-burg-abenberg.de

Die (Sub)Kulturmanufaktur

45 Die „Kofferfabrik" in Fürth

Es ist kurz nach 17 Uhr. Vor wenigen Minuten hat die Kofferfabrik die Türen geöffnet, und schon kommen die ersten Gäste. Es ist ein angenehm warmer Samstag Spätnachmittag oder Frühabend, wie es beliebt, und so setzen sie sich auf die Bierbänke im Hof. Zwischen den roten Backsteinmauern mit dem frischen Grünzeug davor, nach oben geschützt von grünen Sonnendächern, ist es recht gemütlich. Hinter der offenen, buntbemalten Tür befindet sich der Couchclub, wo der Alltagsgestresste auf unterschiedlichsten Ledersofas chillen kann. Von Fabrik ist keine Spur zu entdecken, denn in den 1980ern wurde die Produktion von Koffern aller Art eingestellt. Ein Immobilienmakler kaufte das Fabrikgebäude, um einer Kneipe, einer Galerie, Künstlern und Handwerkern eine vorläufige Bleibe zu geben. 1994 wurde dann die jetzige Kofferfabrik eröffnet. Seitdem kursieren Abrissgerüchte, aber die Kneipegalerietheaterliteraturhausrestaurantspielsalonreparaturwerkstattkonzertsaaldisco existiert immer noch. Und offensichtlich gut, denn langsam füllt sich der Hof mit Gästen unterschiedlichster Couleur. Erfreulich ist, dass hier jeder kommen darf und willkommen ist: der Grufti genauso wie der Jungspund, der Anzugträger ebenso wie der Jeansfreak. Sogar der Cannabis Social Club hat hier seinen Stammtisch. Keiner wird schief angesehen oder

TIPP An Sonntagen wird auch ein internationaler Länderbrunch angeboten.

belächelt. Passend dazu bietet das reichhaltige Programm der „Koffer" für jeden etwas. Von der „Alde Daggl Disco" bis zum Poetry-Slam, vom Theaterabend bis zum Repair Cafe, vom Konzert bis zum Crowdsinging gibt es jede Menge (Sub)Kultur. Um nichts zu übersehen, sollte das Programmheft gründlich studiert werden.

Fürther müsste man sein oder Ostnürnberger, dann könnte man schnell mal vorbeischauen in der Koffer, denn wie heißt es im Vorwort zum Programm des 25-jährigen Jubiläums: „Die Kofferfabrik war und ist ein Ruhepol in diesen aufregenden Zeiten, ein Ort, an dem man sich zurückziehen kann, um, zumindest vorübergehend, dem Wahnsinn dieser Welt zu entfliehen."

● Kofferfabrik, Lange Straße 81, 90762 Fürth, Tel. (09 11) 70 68 06
www.Kofferfabrik.cc
● ÖPNV: U1, Haltestelle Stadtgrenze

Glück im Spiel

46 *Spielbank Feuchtwangen*

„Rien ne va plus!" Der Kessel dreht sich, die Kugel rollt, und die Spannung steigt. Atemlose Stille am Tisch. Die Kugel wird langsamer und springt in ein Fach. Ein Herr hatte richtig gesetzt, und schon schiebt ihm der Croupier ein Häuflein Jetons zu. Diesen Moment wünscht sich wohl jeder, der die Spielbank in Feuchtwangen besucht. Und wenn es beim Französischen Roulette nicht klappt, dann kann man sein Glück noch beim American Roulette, Black Jack und Poker herausfordern. Das sind die „großen Spiele", die in Feuchtwangen angeboten werden. Zwar ist diese Abteilung etwas kleiner als in anderen Casinos, dafür aber stehen über 200 der modernsten Spielautomaten für die Jagd nach dem Glück bereit.

Dennoch kann man das Casino nicht mit den Spielhallen, wie man sie oft in Bahnhofsnähe findet, vergleichen. Das architektonisch interessante Gebäude ist sehr geradlinig und lang gestreckt, angepasst an die Autobahn gleich nebenan. Auch im Inneren wurde auf moderne, klare Eleganz Wert gelegt. Wenn man die Spielbank vom Parkhaus aus betritt, befindet man sich im Foyer mit der Eventbühne, auf der regelmäßig Konzerte stattfinden. Passenderweise geht es treppab in die „Spielhölle" zu den Slot Machines. Hier steht ein Automat neben dem anderen und erfüllt den Raum mit bunten Farben und Geräuschen. Ruhiger und gediegener geht es im Obergeschoss zu, wo die Großen Spiele beheimatet sind. Im Gegensatz zum Untergeschoss mit den Spielautomaten gibt es hier viel Platz, obwohl sich die Tische den Raum mit der halbrunden Bar und dem gepflegten Restaurant teilen müssen.

TIPP   *Hemd und Sakko sind für Herren obligatorisch.*

So wird die Spielbank Feuchtwangen auch für Menschen interessant, die nicht an das Glück im Spiel glauben. Ein schönes, gutbürgerliches Essen im Restaurant oder der Besuch eines Bühnenevents kann durchaus Glücksgefühle auslösen. Es kann auch spannend sein, dem Spiel zuzusehen oder im Geist mitzuspielen und sich unbändig zu freuen, wenn man das in Gedanken gesetzte Geld noch in der Tasche hat, obwohl die Kugel im falschen Fach gelandet ist.

○ Spielbank Feuchtwangen, Am Casino 1, 91555 Feuchtwangen, Tel. (0 98 52) 9 00 60
www.spielbanken-bayern.de

Goud & schee!

47 *Gruschdl Café in Fünfbronn*

Schon im Hof wird der Gast von dem liebevoll dekorierten Ambiente willkommen geheißen. Auch beim Blick durch die Fenster wird deutlich: Hier ist jemand mit einem Händchen für Schönes am Werk. Dass der erste Eindruck keineswegs täuscht, wird beim Betreten des Cafés deutlich. Man fühlt sich in dem lang gestreckten Raum sofort wohl, und es ist fast unmöglich, sich zu Kaffee und Kuchen hinzusetzen, denn es gibt unendlich viel zu sehen. Auf den Fensterbänken, in Regalen, in offenen Bauernschränken sind die kleinen und größeren Nähkunstwerke der Besitzerin zu bewundern. Geschmackvoll nach Art oder Farbe sortiert, immer wieder durch unterschiedliche Dekoartikel aufgelockert, hat sie Herzen, Vögel, Katzen, Hasen, Puppen, Kissen, Schürzen und noch viele andere genähte, gestrickte, gestickte Schönheiten ausgestellt.

Alle diese hübschen Teile entstehen hier im Café. An der einen Längswand, im Centrum des Raumes, ist ein Arbeitsplatz mit gleich drei Nähmaschinen eingerichtet. Im Regal an der Wand liegen bunte Stoffballen, die auch käuflich zu erwerben sind. An den begonnenen Eierwärmern, die neben der einen Nähmaschine liegen, ist zu erkennen, dass hier wirklich gearbeitet wird. Karin Krauter ist eine begeisterte Näherin. Schon als Kind, sobald sie mit den Füßen das Pedal der Nähmaschine erreichen konnte, habe sie mit dem Nähen begonnen, erzählt sie. Diese Leidenschaft ist ihr geblieben, und so näht sie auch, wenn im Café alle Gäste versorgt und ein paar ruhige Minuten zu erwarten sind.

Mit ihrem Laden-Werkstatt-Café hat sich Karin Krauter einen Lebenstraum erfüllt. Sie wollte schon lange ihre Näharbeiten im eigenen Laden vertreiben, und sie liebt es, Gäste zu bewirten. Als dann der alte Kuhstall umgebaut werden musste, erfüllte sie sich ihren lang gehegten Wunsch. Seit 2012 kommen die Kunden in Scharen, um den köstlichen selbst gebackenen Kuchen zu schmausen, die Aussicht über das Tal aus den beiden großen Fenstern am Ende des Raumes zu genießen und schließlich das eine oder andere Kunstwerk mitzunehmen.

· ·

◉ Gruschdl Café Krauter, Fünfbronn 23, 91174 Spalt, Tel. (0 91 75) 90 87 12
www.gruschdl-cafe.de

Ken Bahnhof!
Zg bis Georgensmünd BW! ca. 2,5-3,0

100

Hopfen & Malz, Gott erhalt's

 48 *HopfenBierGut in Spalt*

Bier und Spalt sind untrennbar verbunden, denn hier dreht sich alles um den „Gerstensaft" oder besser das „Hopfenwasser". Besser ist diese Bezeichnung deshalb, weil rund um den Ort der arbeitsintensive und empfindliche Hopfen angebaut wird, der dem Bier Geschmack und Haltbarkeit verleiht. Wer sich für das Grundnahrungsmittel Bier interessiert, kann seinen Wissensdurst im Museum „HopfenBierGut" stillen. Das modern konzipierte Museum ist in einem sehr alten Gebäude untergebracht, das allein schon einen Besuch wert ist. 36 Meter lang, 13 Meter breit und 20 Meter hoch ist der circa 560 Jahre alte Kornkasten, der ursprünglich als Zehentstadel, später als Hopfenlager diente. Im Innern wurden das Fachwerk und die tragende Balkenkonstruktion freigelegt, ein sehr beeindruckendes Bild. In dieses Bauwerk ist nun das Museum mit viel Sachverstand und Geschmack integriert, sodass Alt und Neu eine harmonische Verbindung eingehen.

Das zweite Stockwerk ist vor allem dem Hopfen und der Stadt Spalt gewidmet. Auf einer dreiseitigen, wandhohen Projektionsfläche kann man das Hopfenjahr im Film miterleben, und ein dreidimensionaler Stadtplan zeigt die Stadt und ihre Besonderheiten. Ausgewählte Exponate erklären den Hopfenanbau im Laufe der Zeit.

TIPP Jetzt wäre eine Brauereiführung in der Stadtbrauerei Spalt angesagt.

Im Stockwerk darunter geht es um das Bier. Besonders interessant ist ein Tisch, der zeigt, wie in sechs verschiedenen Ländern Bier genossen wird. Der Besucher stellt eine Flasche Bier des entsprechenden Landes auf eine Platte, und schon beginnt sich der Tisch zu decken. Teller und Besteck werden aufgelegt und dazu natürlich die passende Deko. Nun erscheinen die typischen Speisen und zum Schluss informieren Bilder und Texttafeln über das entsprechende Land und seine Bräuche. Wer jetzt ein bisschen unglücklich darüber ist, dass das alles nur virtuell war, der bekommt seine Wiedergutmachung ganz am Schluss des Museumsbesuchs. An der „ProBierBar" wird für jeden Besucher ein ganz reales Glas Spalter Bier eingeschenkt, das er sogar mitnehmen darf. Na, wieder glücklich?

⊙ **HopfenBierGut – Museum im Kornhaus, Gabrieliplatz 1, 91174 Spalt, Tel. (0 91 75) 79 65 50**
www.hopfenbiergut.de

Waldidylle

49 *Fuchsmühle bei Hilpoltstein*

Gleich am Ortseingang von Unterrödel geht es nach rechts durch eine Wohnsiedlung in den Wald hinein. Schmal ist die Straße, und wenn man glaubt, jetzt kommt nichts mehr, ist man am Ziel. Auf einer Waldlichtung steht ein 400 Jahre altes Sandsteinhaus, davor unter Bäumen Tische und Bänke – eine Idylle. Es ist nicht schwer, einen Platz für das Auto zu finden, denn viele der anwesenden Gäste sind mit dem Fahrrad gekommen. Die Gegend ist perfekt zum Radeln: ebene Wege durch den Wald, vorbei an Teichen, Bächen und Wiesen. Und so kommen sie aus den umliegenden Orten, um im Biergarten eine deftige Mahlzeit zu sich zu nehmen und ein Glas süffiges Bier zu trinken. Deutlich ist zu spüren, dass sich die Menschen hier wohlfühlen. Ein paar Schritte entfernt von der ehemaligen Mühle befindet sich ein eingezäuntes Stück Wiese, das auf den ersten Blick leer wirkt. Wer aber genauer hinsieht, erkennt ganz am anderen Ende ein paar Rehe, die schnell näher kommen, weil sie erwarten, von dem Besucher Leckereien zu erhalten. Bald ist eine ganze Schar der Waldtiere am Zaun, so nah, dass man sie durch das Gitter sogar streicheln kann. Vor allem Kinder haben ihre helle Freude an den zutraulichen Tieren.

Wem die Ruhe hier im Wald guttut, der kann auch etwas länger bleiben, denn in der Fuchsmühle gibt es vier Gästezimmer, die als Ferienwohnungen vermietet werden. Das freigelegte Fachwerk des alten Hauses erhöht den Charme der ansonsten modern und praktisch eingerichteten Zimmer. Und es ist still. Wenn das Gasthaus geschlossen hat und die Gäste abgefahren sind, ist der Urlauber mit sich allein. Die Luft ist frisch, kein Verkehrslärm stört, nur die vielfältigen Geräusche der Natur sind zu vernehmen. Im Frühling quaken die Frösche im nahe gelegenen Teich. Vielleicht wird die nächtliche Stille mal vom Ruf eines Käuzchens unterbrochen. Dazwischen rauscht der Wind in den Bäumen, und am Morgen wecken die Vögel mit ihrem Gesang den Schläfer sanft aus seinen Träumen. Ein neuer Glückstag kann beginnen.

● Landgasthof Fuchsmühle, Fuchsmühle 1, 91161 Hilpoltstein, Tel. (0 91 74) 93 85
www.fuchsmühle.de

Klettern nach Farben

50 *Blockhelden in Erlangen-Dechsendorf*

Gut, dass das Autohaus in Dechsendorf dichtgemacht hat, nicht für das Autohaus, aber für die Kletterbegeisterten aus Erlangen und Umgebung. Denn in diesem Gebäude ist eine riesige Boulderhalle mit einer Fläche von 1600 Quadratmetern entstanden.

Bouldern ist das Klettern ohne Seil in Absprunghöhe. Der Begriff Boulder ist Englisch und bedeutet Felsblock. In der Halle stehen den Felsen nachempfundene Gebilde und Wände aus Platten, die mit Löchern versehen sind. In die Löcher werden unterschiedlich geformte farbige Griffe und Tritte geschraubt, die an die organischen Formen in den Gemälden Miros erinnern. Verschiedene Farben bedeuten unterschiedliche Schwierigkeitsgrade. Manche Griffe sind so klein, dass kaum ein paar Fingerspitzen darin Platz finden, andere erscheinen dem Laien als viel zu groß. Die Boulder, die es zu erklettern gilt, sind leicht schräg, senkrecht oder stark überhängend. Besonders beeindruckend ist ein 12 Meter langes und 55 Grad überhängendes Dach. Zum Glück sind überall dicke Matten verlegt, damit man gefahrlos abspringen kann, wenn es nicht mehr weitergeht.

Es ist schon aufregend und Respekt einflößend, den Kletterern zuzusehen. Geschmeidig und kraftvoll suchen sie sich ihren Weg von einem Griff zum nächsten, erst die Beine, dann die Arme. Der Körper dreht sich, verschiebt sich, um die Kraft zu verteilen und das Gleichgewicht zu halten. Ein sehr ästhetischer Anblick. Wie viel spannender muss es sein, selbst in die Wand zu steigen. Eine großartige Sportausrüstung ist nicht notwendig. Kletterschuhe sollten sein und können von Neulingen auch ausgeliehen werden. Ansonsten genügt normale Sportkleidung. Wichtig ist Chalk für die Hände, damit man nicht abrutscht. Nun kann es auch schon losgehen. Bei den Blockhelden bekommt der Anfänger eine kurze Einführung und legt dann selbstständig los, oder er bucht sich einen Trainer, der die nötigen Tipps zum erfolgreichen Bouldern geben kann. Glücklich ist, wer seine erste Route geschafft hat, auch wenn es „nur" eine blaue ist.

⦿ Blockhelden, Weisendorfer Straße 18, 91056 Erlangen-Dechsendorf, Tel. (0 91 35) 7 35 95 09
www.blockhelden.de
⦿ ÖPNV: Bus 202, Haltestelle Weisendorfer Straße

Endlich Ruhe!

51 *Raum der Stille in Hersbruck*

Mitten im Stadtzentrum, gegenüber vom Rathaus, im selben Haus mit Post, Bürgersaal und Tourismusbüro, findet man den Raum der Stille. Wegweiser führen hinauf in den ersten Stock. An der Tür hängt ein Schild „Raum der Stille geöffnet. Bitte treten Sie ein". Etwas verhalten folgt der Besucher der Einladung, nicht wissend, worauf er sich da einlässt. Im Vorraum wird er von einer/m MitarbeiterIn des „Fördervereins Raum der Stille Hersbruck" begrüßt, und die ersten Schwellenängste sind schnell abgebaut. Über einem Bücherregal hängen die Symbole der fünf Weltreligionen und machen deutlich, dass hier jeder willkommen ist, auch der, der gar keiner Religion angehört. Im Bücherregal befindet sich Infomaterial zu allen spirituellen Themen. Der Raum der Stille selbst ist ganz in Blau gehalten, das in verschiedenen Abstufungen um die weißen Mittelpunkte an Decke und am Boden zu kreisen scheint. Die Ecken des Raumes werden beleuchtet und durch Pflanzen, einen Gong und Klangschalen oder einen kleinen Brunnen entschärft. Der Gast kann sich auf dem Teppich niederlassen, es stehen aber auch Kissen,

TIPP Hersbruck hat viele schöne Winkel, die man bei einem Spaziergang entdecken sollte.

Meditationsbänkchen und Stühle zur Verfügung. Jeder soll die Möglichkeit haben, in diesem Wohlfühlambiente möglichst bequem zur Ruhe zu kommen. Hier wurde ein Raum geschaffen, der einlädt zur Selbstbesinnung, zur Meditation. Sollten dabei schwere Gedanken auftauchen, so findet man in dem Mitarbeiter im Vorraum einen kompetenten Gesprächspartner. Für jemanden, der den Umgang mit der Stille noch nicht gewohnt ist, mag das beruhigend sein.

Ein Raum der Stille passt hervorragend in eine Stadt wie Hersbruck. Sie war immerhin die erste deutsche Cittaslow-Stadt und setzt seitdem auf Lebensqualität, Entschleunigung und Nachhaltigkeit. Durch diesen Raum der Stille und die Angebote des Vereins, die von der Zen-Meditation bis zu Vorträgen über Stressvermeidung und -bewältigung reichen, können Bürger und Gäste ihren Alltag bestimmt leichter bewältigen.

⏵ **Raum der Stille, Unterer Markt 2, 91217 Hersbruck**
www.raum-der-stille-hersbruck.de

Römische Wellnessoase

 52 *Römische Thermen in Weißenburg*

Thermalbäder oder auch Thermen sind heute sehr beliebt, um Körper und Geist zu entspannen und die Gesundheit zu verbessern. Dass Thermen keine Erfindung unserer Zeit sind, kann man eindrucksvoll in Weißenburg sehen. Hier hat man die ausgegrabenen römischen Thermen mit einer interessanten Holzkonstruktion überdacht und so zu einem spannenden Museum gemacht. Wie in einer modernen Wellnessanlage gab es bei den Römern unterschiedlich warme Räume mit oder ohne Wasserbecken. Der reiche Römer begann den Thermenbesuch im heißen sudatorium, vergleichbar mit unserer heutigen Sauna, kühlte den Körper im caldarium, dem Warm- und Heißwasserbad und dem Warmluftraum tepidarium ab, um sich zum Schluss im kalten frigidarium zu erfrischen. Eine Hypokaustenheizung erlaubte die komfortable Beheizung der Räume. Unter den Fußböden und in den Wänden waren Hohlräume zwischen Ziegeltürmchen, durch die die warme Luft aus den Heizräumen geleitet wurde – ein genialer Vorläufer unserer Fußbodenheizung. Die Römer gingen nicht nur zur Körperreinigung in die thermae, sondern

TIPP

Den berühmten Römerschatz kann man im renovierten RömerMuseum am Martin-Luther-Platz 3–5 bewundern.

trieben in der angegliederten basilika Sport wie Ballspiele oder Gymnastik. Während die Herren hüllenlos agierten, trugen die Damen züchtig Bikinis, obwohl sie die Badeanlagen wahrscheinlich nie gleichzeitig mit den Herren benutzten. In den Thermen wurden auch Massagen, Maniküre und Kosmetik angeboten, und nicht zuletzt waren sie ein Ort der Kommunikation. Die wichtigsten Nachrichten wurden besprochen, und der neueste Klatsch und Tratsch wurde breitgetreten. Kein Wunder, dass so ein Badbesuch meist mehrere Stunden dauerte, bis man dann sauber, entspannt und bestens informiert in den Alltag im Kastell zurückzukehren konnte. Neuere Bücher informieren darüber, dass es in den Thermen gar nicht so züchtig und sauber zuging. Die Zeitung *DIE WeLT* berichtet über eine gewisse Merope, die gesagt haben soll: „Wein, Sexualität und die Bäder zerstören unseren Körper. Aber Wein, Sexualität und die Bäder machen unser Leben gut!"

◉ Römische Thermen, Am Römerbad 17a, 91781 Weißenburg in Bayern, Tel. (0 91 41) 90 71 27
www.museum-weissenburg.de

Lesen – Hören – Genießen

53 *Poetenfest in Erlangen*

Am letzten Wochenende im August ist in Erlangen Literaturzeit. Von Donnerstag bis Sonntag gehört die Stadt den Lesebegeisterten. Die Kinos zeigen Literaturverfilmungen, im Theater finden Podiumsdiskussionen zu aktuellen Themen statt, in der Stadtbibliothek und der Orangerie kann man Autoren bei Lesungen und Gesprächen kennenlernen, es gibt Ausstellungen, Performances und Konzerte. All das findet statt beim Poetenfest, an dem seit 1980 jedes Jahr über 80 Schriftsteller, Literaturkritiker, Publizisten und Übersetzer teilnehmen. Inzwischen ist das Poetenfest zu einem der bedeutendsten Literaturevents in Deutschland geworden.

Alle Veranstaltungen sind in jedem Jahr sehr gut besucht, am beliebtesten aber sind wohl die Nachmittage am Samstag und Sonntag, an denen im Schlossgarten die Autorenlesungen stattfinden. Am Rand der großen Wiese vor dem Schloss und dem Springbrunnen ist das Lesepodium aufgestellt. Die Zuhörer, die sich auf den Bierbänken niedergelassen haben, auf Klappstühlen hocken oder es sich auf Decken gemütlich gemacht haben und mit Blick in die Baumkronen oder den Himmel zuhören, erwartet ein abwechslungsreiches Programm. Im halbstündlichen Wechsel lesen Schriftsteller aus ihren neuesten Werken. Darunter befinden sich bekannte Autoren wie Daniel Kehlmann, Angelika Klüssendorf oder Lucy Fricke, aber auch junge, noch unbekannte Talente, die sich dem kundigen Publikum vorstellen und mit mehr oder weniger heftigem Applaus belohnt werden. Hat ein Autor oder eine Autorin gefallen, wandern die Zuhörer zu einem der beiden Nebenpodien, wo im Anschluss an die Lesung ein Gespräch mit dem Künstler stattfindet und ein an den Ständen soeben gekauftes Buch signiert werden kann. Dabei erfahren die interessierten Leser mehr über den Literaten, sein Leben, seine Motive, seine Arbeitsweise und wie dieses Buch entstanden ist.

Die Kinder werden natürlich nicht vergessen. Auch für sie gibt es Lesungen, eine Bilderbuchausstellung und eine Druckwerkstatt, wo man wie zu Gutenbergs Zeiten auf verschiedenen Pressen eine Buchseite herstellen kann.

▶ Poetenfest Erlangen, Veranstalter: Kulturamt der Stadt Erlangen, Abteilung Festivals und Programme, Gebbertstraße 1, 91052 Erlangen, Tel. (0 91 31) 86 14 08
www.poetenfest-erlangen.de

Glück zurück

54 *Die Vogelbeere in Vorra*

„Wir sind ein Glücksort!" Spontan und voller Überzeugung kommt es von der Dame hinter dem Tresen der Vogelbeere. Die Vogelbeere ist inklusives Café und Dorfladen zugleich und damit tatsächlich ein Glücksort für viele Menschen. Ein besonderes Glück erfahren die beiden Damen mit Behinderung, die hier arbeiten können. Für sie ist das Café eine Gelegenheit, aus der beschützenden Werkstätte herauszukommen und so am öffentlichen Leben teilzunehmen. Das fördert ihre Fähigkeiten und gibt Selbstvertrauen. Sie führen zusammen mit einer Heilerziehungspflegerin das Café und den Laden, haben Kontakt mit den Kunden und können sich in vielen Arbeitsbereichen beweisen. Ein Glück ist die Vogelbeere für die Dorfbewohner, die hier eine Möglichkeit erhalten, Dinge des täglichen Gebrauchs zu erwerben, ohne erst meilenweit fahren zu müssen. Glücklich sind auch all die Wanderer, Kanufahrer, Radler und sonstigen Vorrabesucher, dass sie hier ein Café vorfinden, das sie mit besonders gutem Kaffee und ebenso gutem selbst gebackenem Kuchen verwöhnt. Darüber hinaus kann man auch noch ein bisschen Wegzehrung aus dem Laden mitnehmen.

Die Vogelbeere ist eine Tochter des Münzinghofs, eines Ortsteils von Velden. Hier leben 150 Menschen mit und ohne Behinderung allein oder in Wohngemeinschaften zusammen. Sie arbeiten in sieben selbstständigen Arbeitsbereichen mit mehr als 80 Arbeitsplätzen für Menschen mit Hilfebedarf, die auch von außerhalb kommen. Den größten Teil seines Eigenbedarfs deckt der Münzinghof selbst und vertreibt seine Produkte wie Gemüse und Käse in Demeterqualität, Taschen, Kerzen, Holzarbeiten und Feueranzünder unter anderem auch in der Vogelbeere.

Die Möglichkeit, glücklich zu sein und Glück weitergeben zu können, sollte man unbedingt nutzen, zumal Ladengeschäft und Café stetig verbessert und ausgebaut werden. Nehmen Sie Platz, innen im gemütlichen Café oder draußen vor dem hübsch renovierten Fachwerkhaus und genießen Sie das Glück, glücklich gemacht zu haben.

● Vogelbeere, Bahnhofstraße 1, 91247 Vorra, Tel. (0 91 52) 9 28 99 55

Hier ist alles Gold, was glänzt!

55 *Goldschlägerwerkstatt in Schwabach*

„Riechen Sie mal!", fordert Goldschläger Dieter Drotleff den Besucher auf und hält ihm ein Büchlein mit Blattgold unter die Nase. Ein einfaches Einatmen genügt, und schon hat man sich eine goldene Nase verdient. So einfach geht das in Schwabach, wo man seit dem Mittelalter Blattgold herstellt. Damit werden nicht nur vor Ort Dächer, Eier und Steine vergoldet, sondern auch der Berliner Friedensengel, die Fackel der Freiheitsstatue und der Palast des Sultans von Brunei. Selbst eine Gitarre der Scorpions wurde mit dem Gold, das nur 14 Tausendstel Millimeter dick ist, aufgehübscht. Und das alles wegen des Schwabacher Klimas. Hier ist die Luft so trocken, dass sich das Gold willig von einem Barren zu diesen hauchdünnen Blättchen schlagen lässt. Heute machen das Maschinen, aber zu Beginn des 20. Jahrhunderts, als es hier über 130 Goldschlägerwerkstätten mit bis zu 1200 Mitarbeitern gab, war das Goldschlagen schweißtreibende Handarbeit. Mit bis zu neun Kilogramm schweren Hämmern wurde mit präzisen Schlägen das Gold immer dünner geschlagen, bis es so dünn war, dass Licht durchscheinen konnte.

TIPP Die angesprochenen „Goldstücke" kann man bei einem Stadtrundgang entdecken.

Dies alles und noch viel mehr erfährt man im Schwabacher Stadtmuseum. Dort steht ein vergoldeter Würfel, in dem die Schauwerkstatt untergebracht ist. Wenn man Glück hat, findet eine Vorführung statt, bei der Dieter Drotleff, der 50 Jahre als Goldschläger gearbeitet hat, viel über das kostbare Edelmetall zu erzählen weiß. Er führt den Besuchern auch vor, wie das Gold geschlagen werden muss, damit ein gleichmäßig dünnes Blättchen entsteht. Den Umgang mit dem Hammer beherrscht er immer noch perfekt, obwohl er in der letzten Zeit an modernen Maschinen gearbeitet hat.

Wer keine Zeit für die Führung hat oder nicht zum richtigen Zeitpunkt in Schwabach ist, sollte sich wenigstens die nachgestellte Schauwerkstatt in der Innenstadt ansehen. Und wen es jetzt zum Golde drängt, der muss sich ein bisschen in der Stadt umsehen. Sicher wird er sein vergoldetes Stückchen Glück finden.

Goldschlägerwerkstatt im Stadtmuseum Schwabach, Museumsstraße 1
(Eingang: Dr.-Haas-Straße), 91126 Schwabach
www.schwabach.de

Lesen und noch viel mehr

 56 *Innenstadtbücherei Fürth*

Die Stadt Fürth macht es Einwohnern und Besuchern nicht leicht. Soll man Kaffee trinken gehen? Soll man sich die Stadt von oben ansehen? Oder soll man ein bisschen schmökern? Am besten alles auf einmal: Der Zeitungleser geht in die Innenstadtbibliothek im vierten Stock, sucht sich eine Zeitung, die er im grünen Sessel mit Blick auf den grünen Platz weit unten durchblättert. Der Reiselustige holt sich einen Reiseführer von Italien und beginnt im integrierten Café mit der großzügigen Terrasse zu lesen. Bei einem Espresso und mit Blick auf den Rathauscampanile fühlt er sich schon fast in Florenz, sogar am Sonntag oder am Abend, wenn die Bücherei schon längst geschlossen, das Café aber noch geöffnet hat. Da haben sich die Fürther was Tolles einfallen lassen. Im Stadtzentrum entstand ein Einkaufszentrum, genannt „Neue Mitte", das 2015 eröffnet wurde. Ganz oben, im dritten und vierten Stockwerk, das fast vollständig verglast ist, durfte die Volksbücherei einziehen und wurde 2016 eröffnet. Seitdem strömen die Besucher, zumal die Bibliothek nicht nur Bücher, Zeitschriften, Hörbücher und DVDs anbietet, sondern

TIPP *Shoppen in Fürths „Neuer Mitte" macht Laune.* auch diverse Veranstaltungen im Programm hat. So wird am ersten Donnerstag im Monat zu den „Rooftop Stories" eingeladen. Künstler aus der Umgebung tragen Prosa, Lyrik oder Spoken Word vor. Es darf witzig, politisch, schräg oder melancholisch sein. Es gibt keine „No-Goes on the roof". Und schön ist auch: Der Eintritt ist frei. Für Noch-nicht-Leser ab drei Jahren gibt es das Bilderbuchkino, die Erwachsenen sehen die besten Filme auf der Terrasse. Dazu kommen Lesungen mit und ohne Musik, Vorträge und Ausstellungen. Ein Programm für jedermann sollte man meinen. Für die Innenstadtbibliothek ist kein Leseausweis erforderlich. Besucher sind willkommen, auch wenn sie bloß die Stadt aus der Vogelperspektive betrachten wollen oder nur auf einen Cappuccino ins Café Terrazzo kommen. Ein herrlicher Platz in der Stadtmitte, der viele Bedürfnisse befriedigt und damit ein Stück zum Glück beiträgt.

▶ **Innenstadtbibliothek Carl Friedrich Eckart Stiftung, Friedrichstraße 6A, 90762 Fürth,**
Tel. (09 11) 9 74 17 40, http://www.vobue-fuerth.de/
▶ **ÖPNV: Bus 172 oder 39, Haltestelle Fürther Freiheit**

Tiger, Affen & Co.

57 *Raubtier- und Exotenasyl in Ansbach-Wallersdorf*

Wie fast jeden ersten Sonntag im Monat ist in Wallersdorf einiges los. Autos parken überall, und Menschen, vor allem Familien mit Kindern, laufen zielstrebig auf einen Ort zu. Es ist Tag der offenen Tür im „Raubtier- und Exotenasyl", und alle kommen, um sich die interessanten Tiere aus der Nähe anzusehen, viel näher als in den meisten Tiergärten. Welch imposante Größe ein Tiger hat, lässt sich erst ermessen, wenn er in einem Meter Abstand durch den Käfig wandert oder sich auf den Hinterbeinen stehend am Gitter aufrichtet. Kinder sind besonders glücklich, wenn sie dem Frettchen auf dem Arm der Pflegerin über das weiche Fell streicheln können. Die Pumas haben sich zum Mittagsschlaf niedergelegt und lassen sich auch von den vielen Menschen vor ihrem Gehege nicht beeindrucken. Die Affendame hat sich zurückgezogen. Sie trauert um ihren kürzlich verstorbenen Gefährten. Ein hübscher Fuchs durchstreift sein Gebiet und wendet sich immer wieder bewunderungsheischend dem Besucher zu. Die Luchse haben heute keine Lust darauf, besichtigt zu werden, und haben sich zurückgezogen.

Wie kommen all diese Tiere ins Raubtierasyl? Sie stammen zum Teil aus Zirkussen, die keine Verwendung mehr für die Tiere haben, oder aus schlechter Haltung bei Privatleuten. Weder ein normales Tierheim noch ein Zoo nimmt diese Tiere auf.

Im Raubtierasyl werden die Tiere den Vorschriften entsprechend gehalten. Sie werden gut gefüttert und medizinisch versorgt. Damit ihnen nicht langweilig wird, bekommen sie Spielzeuge – sehr beliebt sind da ausrangierte Weihnachtsbäume oder Futter in ungewöhnlichen Behältnissen versteckt. Für die Tiger steht auch ein Pool bereit, den sie gern als Erfrischung nutzen. Ist es einmal sehr heiß, dann gibt es Abkühlung mit dem Gartenschlauch.

Übrigens arbeiten hier alle Tierpfleger und Helfer ehrenamtlich. Das Raubtierasyl finanziert sich ausschließlich aus Spenden, sodass der Verein über jeden Besucher, jeden Paten, jedes Mitglied froh ist. Eine gute Gelegenheit, glücklich zu machen und zu werden.

● Raubtier- und Exotenasyl e.V., Leinmühlstraße 2, 91522 Ansbach-Wallersdorf,
Tel. (01 70) 4 15 19 72, www.raubkatzenasyl.de

Weber oder Gänse?

 58 *Der Wiwaweiher in Herzogenaurach*

Am Rande der Altstadt, gleich neben der Schule und einem Wohngebiet, findet man den Wiwaweiher. Er ist nicht allzu groß, ein Weg führt rundherum, Bäume und Sträucher säumen den Weg. An einem Ende befindet sich ein Spielplatz, den die Kinder nach Schulschluss gerne besuchen, wenn sie auf den Bus warten, der sie nach Hause bringt. Im Weiher gibt es eine Wasserfontäne und eine kleine Insel, gerade so groß, dass sie von den herabhängenden Zweigen einer Trauerweide gut bedeckt ist. Bewohnt wird das Gewässer in der Hauptsache von Wildgänsen und Enten.

Wer nach einer Stadtbesichtigung eine kleine Pause braucht, sollte sich auf eine der Bänke am Rande des Weihers setzen, das Grün der Bäume betrachten und den Vögeln bei der Nahrungssuche zusehen oder die Gänsefamilien beim Spaziergang mit Unterweisung der Jungtiere beobachten. Dabei kann man die Gedanken ziehen lassen, und vielleicht überlegt der eine oder andere, woher wohl der seltsame Name Wiwaweiher kommen mag. Dazu gibt es zwei Geschichten.

Früher, als der Weiher noch der Bewässerung des Schlossgrabens diente, war Herzogenaurach eine Tuchmacherstadt. Die gewebten Tücher mussten gefärbt, gewaschen und getrocknet werden. Das geschah wohl an dem Weiher vor den Stadtmauern. Die Tücher wurden in Rahmen eingespannt und so zum Trocknen aufgestellt. Von dieser Arbeit bekam der Teich den Namen Webweiher, der sich dann im Laufe der Zeit zu Wiwaweiher verändert hat.

TIPP Unbedingt ansehen: Die Hauptstraße mit den Fachwerkhäusern und den beiden Türmen.

Eine andere Geschichte berichtet von städtischen Gänsehirten, die die Gänse aus der ganzen Stadt sammelten, um sie zum Fressen und Trinken an den Weiher zu führen. Weil das Wort für Gans im Dialekt „Wiwala" lautet, hieß der Weiher nicht Gänseweiher, sondern Wiwalaweiher, das wohl zu Wiwaweiher verkürzt wurde. Ob eine der beiden Geschichten stimmt oder gar keine, ist nicht bekannt. Aber wenn man am Weiher sitzt, kann man ja in aller Ruhe darüber nachdenken, seinen Favoriten aussuchen und einen kleinen Glücksmoment erleben.

▶ Am Wiwaweiher, Adlerstraße/Nutzungstraße, 91074 Herzogenaurach

Kino zum Wohlfühlen

59 *Lichtspiele in Großhabersdorf*

Modern, chic! Das denkt der Besucher auf Anhieb, wenn er vor dem Kino in der Bachstraße steht. Hat er den Bach, der vor dem Kino fließt, überquert, kann er sich auf einer Sitzgruppe vor dem Eingang des Kinos gleich gemütlich niederlassen. „Lichtspiele – Kino zum Wohlfühlen" verspricht die weiße Schrift auf der roten Wand über dem Eingang. Das ist nicht übertrieben, denn die Lounge im Freien und die Pflanzenkübel neben der Tür wirken sehr einladend. Das Foyer bestätigt den ersten Eindruck: klare Formen, wohltuende Farben. Kommt das daher, dass der Besitzer sich beim Einrichten an die Feng-Shui-Lehre gehalten hat? Und alles ist picobello sauber. Auch im Kinosaal liegt kein Popcornkrümel auf dem dunklen Teppich, die Stühle sind vom Feinsten, nicht zu weich, aber bequem und mit Lordosenstütze auch für Rückenschwache perfekt. Dazu eine enorme Beinfreiheit, von der man in Großstadtkinos nur träumen kann. Kino zum Wohlfühlen eben!

Kein Wunder, dass sich dieses Kino als einziges im Landkreis Fürth gehalten hat. Dafür wird auch einiges geboten. Nicht nur Filme, auch Konzerte oder Lesungen stehen auf dem Programm. Neben dem Kinosaal gibt es noch einen Eventraum für das Frühstückskino. Das heißt: Erst wird gemütlich gefrühstückt, dann ein Film angesehen. Auch Geburtstage für Große und Kleine und sogar Konfirmationen werden hier gefeiert. Für die Kids gibt es ein Kinderparadies mit allem, was sich ein Kind zum Spielen und Toben wünscht. Ach ja, einen Kinogarten gibt es selbstverständlich auch. Im Winter holt ein Bus die Kinder aus den umliegenden Ortschaften zum Kinonachmittag ab. Eine tolle Idee!

„Man muss den Leuten schon etwas bieten", meint Bernd Jordan, der Betreiber des Kinos. Und das tut er auch. Damit in seinem Kino wirklich alle glücklich werden, gibt es für verfrorene Damen noch Decken zum Reinkuscheln, Kindersitzerhöhungen und natürlich immer frisches Popcorn. Wirklich ein Glücksort, dieses Kino!

▶ Lichtspiele Großhabersdorf, Bachstraße 15, 90613 Großhabersdorf, Tel. (0 91 05) 99 06 42
www.lichtspiele-grosshabersdorf.de

Tributo alla Serenissima

60 *Eiscafé De Rocco in Schwabach*

Zitrone-Basilikum, Quark-Limone, Orange-Ingwer und Mandarine mit karamellisierten Pistazien. Das sind Kombinationen, die probiert werden müssen. Fruchtig-süß, mild-säuerlich, diese Geschmacksrichtungen sind bekannt. Aber Basilikumgeschmack ist bei den ersten Löffelchen schon ein bisschen ungewohnt. Auch dass nach dem Eisessen ein leichtes Brennen von Schärfe auf der Zunge zurückbleibt ist neu. Doch alles zusammen löst Geschmacksexplosionen am laufenden Band aus. Diesen Genuss erlebt man nur in der besten Eisdiele Frankens. 871 Stimmen erhielt das De Rocco in Schwabach beim User-Voting auf nordbayern.de und war damit der Spitzenreiter 2019. Noch mehr Erfolg gab es 2017 bei der „Gelato World Tour", wo das Mandarineneis zum zweitbesten Eis Deutschlands gekürt wurde. Damit nicht genug, denn beim Grandfinale in Rimini präsentierten Guido De Rocco und sein Sohn Luca mit ihrer Kreation „Tributo alla Serenissima", ein Traubeneis mit karamellisierten Walnüssen, das zweitbeste Eis der Welt.

Wer nun erwartet, dass solche Köstlichkeiten nur in einem grandiosen Eistempel serviert werden, wird enttäuscht sein. Das Eiscafé mit dem Spitzeneis ist klein und bescheiden. Hell, fröhlich bunt, spiegelnd, glasglänzend und doch gemütlich präsentiert sich der Innenraum. Und weil Eis bei schönem Wetter lieber im Freien gegessen wird, gibt es auch Sitzgelegenheiten auf dem Gehweg vor dem Haus. Trotzdem ist es oft richtig voll. Auf die Frage, ob man sich nach den Erfolgen nicht vergrößern wolle, antwortet die Chefin ganz entsetzt, dass man das auf keinen Fall vorhabe. Hier sei Qualität entscheidend, und die gehe dann vielleicht zugunsten der Quantität verloren. Das darf auf keinen Fall geschehen. Für diejenigen, die Basilikum lieber auf der Pizza und Ingwer im Tee haben, gibt es natürlich auch exzellente Sorbets aus gewohnten frischen Früchten wie Pfirsichen, Erdbeeren, Heidelbeeren, Himbeeren und Brombeeren. Köstlich sind sie alle, denn die „Sorbetkönige", wie die De Roccos genannt werden, können nur perfekt.

● Eiscafé De Rocco, Ludwigstraße 10, 91126 Schwabach, Tel. (0 91 22) 36 26
www.eiscafederocco.com

Orange
inguer
sorbet

Pfirsich
sorbet

Die Altmühlapostel

61 *Felsgruppe zwölf Apostel bei Solnhofen*

Eine der schönsten Stellen des ohnehin schönen Altmühltals sind die zwölf Apostel. Nein, keine Kirche erwartet den Besucher, sondern zwölf mächtige Felsen treten aus den Hängen des Jura hervor und sehen hinab auf die Altmühl – ein Naturschauspiel, wie es nicht so häufig zu finden ist. Wer schon glücklich ist, wenn er die Felsen kurz bestaunen darf, kann mit dem Auto an der Formation zwischen Eßlingen und Solnhofen vorbeifahren. Etwas gemächlicher werden es Radler angehen lassen, die auf dem Radweg am anderen Altmühlufer auch mal absteigen, um das Schauspiel zu genießen. Auch Freunde des Wassersports haben die Möglichkeit, die Felsen zu bewundern, wenn sie mit dem Boot den Fluss hinunterpaddeln. Am glücklichsten wird wohl der Wanderer sein, der die Mühe auf sich nimmt, ein Stück auf dem Altmühl-Panoramaweg zu gehen, der 2012 zu Deutschlands schönstem Wanderweg gekürt wurde. Manchmal ist der Weg, der oberhalb der Apostel entlangführt, etwas schmal und steil, aber er bietet einen herrlichen Blick auf die Felsen von oben und auf die Altmühl, die in weitem Bogen das Tal durchfließt.

TIPP

In Solnhofen wurde der Archaeopteryx gefunden, zu sehen im Bürgermeister-Müller Museum, Bahnhofstraße 8.

Wieso gibt es diese kuriose Felsformation gerade hier? Als vor Millionen von Jahren das tropische Jurameer wogte, gab es an dieser Stelle einen Riffgürtel, der durch Klüfte geteilt war. Diese wurden schneller abgetragen, während die Felsen aus dem hellen Schwamm-Algen-Kalk der Erosion widerstanden und als freistehende Felsen übrig blieben. Sie sind umgeben von Halbtrocken- und Trockenrasen, der typisch für das Altmühltal ist. Wer sich für Botanik interessiert, kann hier viele seltene Pflanzen und Tiere finden.

Zurück zum Ausgangspunkt der Wanderung sollte der Weg auf der anderen Seite der Altmühl gewählt werden, denn hier sieht man die Felsen noch einmal von unten und taucht vielleicht die müden Füße ein bisschen ins Wasser. Glücklich über das Gesehene und stolz auf das Geleistete erholt sich der Wanderer im 13. Apostel in Eßlingen bei Speis und Trank.

○ Die zwölf Apostel, zwischen 91807 Solnhofen und Eßlingen

Bahnhof!   ca. 2Std.

Sinfonie aus Sole

62 *Franken-Therme Bad Windsheim*

Zeit für sich haben, entspannen, fast schwerelos schweben, das Immunsystem stärken, sich verwöhnen lassen, etwas für die Gelenke und die Haut tun – das alles ist möglich in der Franken-Therme des einzigen Heilbads in Mittelfranken.

Ein Salzstock in 200 Metern Tiefe versorgt die zwei Heilwasserquellen mit Sole von 1,5 bis 12 Prozent Salzgehalt. Dieses Wasser wird in die vier Thermalbecken gepumpt. Für die muskuläre Entspannung im badewannenwarmen Wasser sorgen Whirlpool, Sprudelliegen und Massagedüsen. Die Aktiveren entspannen sich bei Wassergymnastik und Qigong. Farblichtspiele, wechselnde Aromen und bequeme Liegeräume sorgen für eine chillige Atmosphäre danach.

Ein besonderes Erlebnis bietet der 750 Quadratmeter große Salzsee, der mit vollgesättigter Sole gespeist wird. Das bedeutet, dass das Wasser einen Salzgehalt von 26,9 Prozent hat und praktisch genauso salzig ist wie das Tote Meer. Hier können auch Nichtschwimmer das Gefühl genießen, vom Wasser getragen zu werden. Man legt sich gemütlich auf den Rücken, schaut in den Himmel und lässt sich einfach treiben. Glücksgefühl pur! Weil ein Teil des Sees unter einer Glaskuppel ruht, ist dieses Wohlgefühl auch im Winter zu erleben.

In dieser Jahreszeit macht dann auch ein Saunagang besonders viel Spaß. Acht Saunen von ganz heiß bis angenehm temperiert und gut duftend buhlen um die Gunst der Besucher. Und wenn draußen der Schnee zum Abkühlen fehlt, bietet sich die Schneesauna an. Dort kühlt die eisige Kälte sanft den erhitzten Körper. Das ist eine angenehme Alternative, wenn der Sprung ins zwölf Grad kalte Wasser zu viel Überwindung kostet.

Nach dem anstrengenden Saunagang will sich der Körper in der Wellnessabteilung verwöhnen lassen. Von Massagen in allen Variationen über diverse Bäder und Wellness-Zeremonien, wie dem Rasul, bis zur Kosmetikbehandlung reicht das Spektrum der Wohltaten, die man sich angedeihen lassen kann. Jetzt wandeln wir das bekannte „sit mens sana in corpore sano" ab in „Ein glücklicher Geist wohnt in einem glücklichen Körper".

● **Franken-Therme Bad Windsheim GmbH, Erkenbrechtallee 10, 91438 Bad Windsheim**
www.franken-therme.net

Besonderes Wochenendhaus

63 Topplerschlösschen in Rothenburg ob der Tauber

Das älteste bekannte Wochenendhaus liegt im romantischen Taubertal. Grün ist es hier, die Tauber plätschert beruhigend vor sich hin, und hoch oben spitzen hinter den Bäumen einzelne Dächer und Türme der Stadt Rothenburg hervor. Ein idealer Platz für ein Ferienhaus. Das dachte sich auch der Rothenburger Bürgermeister, als er im Jahr 1388 sein Schlösschen hier erbaute. Das Grundstück ist von einer Mauer umgeben, aber man hat einen guten Blick hinein in den Garten. Auf einer sehr tief liegenden Wiese steht das eigenwillige Gebäude, zu dessen Eingangstür eine Steinbrücke führt. Und wer dabei an Wasser denkt, hat recht! Es handelt sich bei dem Topplerschlösschen um ein »Weiherhaus«, das von Wasser umgeben war wie ein Wasserschloss. Es besteht aus einem steinernen Wehrturm mit Zugbrücke, dem man ein etwas größer geratenes Fachwerkhaus aufgesetzt hat. Die wehrhafte Ausstattung machte Sinn, weil das Schlösschen während der Städtekriege erbaut wurde. Da Toppler auch Diplomat war, konnte er hier unbehelligt seine Gäste empfangen und mit der Familie die Freizeit verbringen.

Für angemeldete Besucher öffnet Frau Boas gern die Pforten des Schlösschens. Im Turm unten ist es relativ dunkel, weil nur durch schmale Fensterchen Licht eindringt. Das ändert sich erst im zweiten Stockwerk, dem Wohnhaus über dem Turm. Hier befindet sich die kleine Küche und der gemütliche Wohnraum mit dem Ofen aus Tonkacheln. In den Feldern zwischen den Holzbalken des Fachwerks ist noch die alte Wandbemalung zu erkennen. Ja, im Mittelalter liebte man es bunt. Auf der Eckbank vor den vier Butzenscheibenfenstern konnten die Bewohner bequem sitzen und tagen. Im obersten Stockwerk gibt es ein Schlafzimmer und ein weiteres Wohnzimmer. Eine kuschelige Wohnung auf zweimal 36 Quadratmetern in einem wunderschönen Garten. Da bekommt man sofort Lust, hier zu wohnen. Allerdings müsste für heutige Ansprüche einiges geändert werden. Aber träumen ist ja wohl erlaubt!

▶ Topplerschlösschen, Taubertalweg 100, 91541 Rothenburg ob der Tauber, Tel. (0 98 61) 73 58

Hier isst man Felsbrocken

 64 *Windbeutel-Café Hohensteiner Hof in Kirchensittenbach*

Das Windbeutelcafé liegt idyllisch unterhalb der Burg, die hoch oben auf einem Felsen thront. Im Februar 2000 stürzte infolge von Frosteinbrüchen ein 40 Quadratmeter großes Stück Mauerwerk der Burg Hohenstein ein und ca. 65 Tonnen Mauerwerk rollten dem Wirt des Hohensteiner Hofs praktisch vor die Füße. Sofort hatte Thomas Eckert die Idee zu der Kreation „Großer Felsbrocken". Das ist ein riesengroßer Windbeutel, gefüllt mit Walnusseis und Sahne, übergossen mit hausgemachter Karamell- und Schokoladensauce und mit Röstmandeln bestreut. Ein Gedicht, wie auch die anderen Windbeutel auf der Karte. Ja, hier werden in der Tat ausschließlich Windbeutel serviert.

Wie es dazu kam erzählt uns Thomas Eckert. Sein Vater hatte im Urlaub zum ersten Mal Windbeutel gegessen. Davon war er so begeistert, dass er der Meinung war, man müsse so etwas neben dem üblichen Essen und den Backwaren im heimischen Gasthaus anbieten. So kam der große „Sauerkirsch" auf die Karte, ein Riesenwindbeutel mit Eis und warmen Sauerkirschen, die mit Rum verfeinert wurden. Er schlug ein wie eine Bombe. Weil immer mehr Menschen nach den großen Windbeuteln fragten, musste das Sortiment erweitert werden. Im Gegenzug wurde zuerst der Restaurantbetrieb eingestellt und dann auch die Herstellung von Torten und Kuchen. Das Windbeutelcafé war geboren.

TIPP Ein Burgbesuch ist vor dem Windbeutelgenuss empfehlenswert, nachher fällt der Aufstieg schwerer.

Derzeit stehen 13 verschiedene Windbeutel auf der Karte. In groß für Naschkatzen und in einer kleineren Version für die Kalorienbewussteren. Der „Urwindbeutel" Sauerkirsch ist nach wie vor beliebt. Die anderen wechseln je nach Jahreszeit. Während man im Winter „Rotwein-Zimt-Zwetschge" oder „Winterapfel" genießt, bieten sich für den Sommer eher die Variationen mit frischen Früchten und Joghurt an. Die heißen dann „Blauer Berg", „Katharinchen" und „Othello". Ideen hat Thomas Eckert noch viele und so wird man immer wieder neue, wunderbare Windbeutel mit dem eindrucksvollen Blick auf die Burg genießen können. Das Glücksgefühl, das sich dabei einstellt, macht alle Kalorien vergessen.

◗ **Hohensteiner Hof, Hohenstein 43, 91241 Kirchensittenbach**
www.hohensteinerhof.de

Steter Tropfen ...

 65 *Schwarzachklamm bei Feucht*

Sonnenflecken tanzen auf Steinen, glitzern im Wasser und lassen die unterschiedlichen Grüntöne der Bäume, Sträucher, Farne, Moose und Flechten noch vielfältiger erscheinen. Dazu zwitschern die Vögel, der Fluss plätschert oder rauscht, je nach Wasserstand. Am besten kommt man morgens oder abends, dann ist es ruhig in der Klamm, die das Wasser der Schwarzach im Laufe von Jahrmillionen aus dem Sandstein gewaschen hat.

Übrig geblieben sind beeindruckende Felswände, die über das Flussbett hängen, sodass der Weg auf Holzstege umgeleitet werden muss. Manche Felsen sehen aus wie Kissen, so kantenfrei und glatt hat das Wasser den Stein geschliffen. An anderen Stellen haben Wind und Wasser die bindemittelfreien Teile aus dem Burgsandstein gelöst, sodass Löcher entstanden sind, die den Felsen wie eine Bienenwabe aussehen lassen. Auch zwei Höhlen sind durch die Erosion entstanden. Die Karlshöhle beherbergt eine Quelle, und der Weg führt durch ein Loch im Felsen hinein oder heraus. Die Gustav-Adolf-Höhle erhielt ihren Namen vom Schwedenkönig, der hier angeblich einen Feldgottesdienst gefeiert hat. Man

TIPP Unbedingt sehenswert ist der Brückkanal. Start ist auch hier an der Waldschänke.

sollte ein wenig auf der Bank Platz nehmen und die Lichtspiele genießen, die Sonne und Wasser je nach Tageszeit an die Höhlenwände werfen. Natürlich ist es auch ohne die Lichtspiele ein Platz zum Entschleunigen, zum Lauschen, zum Schauen, zum Träumen. Einmal muss man das Ufer der Schwarzach verlassen und einen kleinen Umweg über die Straße oberhalb nehmen, denn hier braucht das Flusskraftwerk Gsteinach, das seit dem 19. Jahrhundert den Fluss zur Stromgewinnung nutzt, den Platz am Fluss. Davon darf sich der Wanderer aber nicht entmutigen lassen, denn bald geht es wieder zurück in die Schlucht, und man ist wieder technikbefreit unterwegs.

Obwohl der Marsch durch die Schlucht nicht lang ist, ist es doch angenehm zu wissen, dass am Ende – oder auch am Anfang des Weges – der Biergarten der Waldschänke Brückkanal mit Speis und Trank auf den Wanderer wartet.

 Schwarzachklamm bei Feucht
 Startpunkte der Wanderung: Hirtenweg, 90592 Schwarzenbruck oder
Waldschänke Brückkanal, Am Brückkanal 3, 90537 Feucht

Die spinnen, die Hirten

66 *Hirtenmuseum in Hersbruck*

Jeden ersten Sonntag im Monat schnurren die Spinnräder im Hirten-museum. 13 Damen und ein Herr sitzen im Rund und spinnen, was das Zeug hält. Überraschenderweise ist es ein sehr gemischter Kreis, was Alter und Outfit anbelangt. Auch die Spinnräder sind sehr unterschied-lich: von klassisch schnörkelig bis zu modern nüchtern und zusammen-faltbar für die Reise. Wer es noch einfacher haben will mit dem Transport, der bedient sich der Handspindel. Faszinierend zu sehen, wie aus der weißen oder schon modisch bunt gefärbten Rohwolle ein sehr feiner oder gröberer Faden entsteht, der oft noch gezwirnt wird, um die Wolle stabiler zu machen.

Wer den Spinnern lange genug zugesehen hat, wird sich dem Museum zuwenden, denn es hat Interessantes zu bieten. Natürlich beschäftigt es sich mit Hirten, und damit sind vor allem Rinderhirten gemeint. Sie hatten in früheren Zeiten recht vielfältige Aufgaben, was an den ausgestellten Gegenständen zu sehen ist. Kuhglocken, die eigentlich Schellen sind, gibt es in allen Größen zu bewundern. Hirtenfiguren zeigen, wie der Beruf in anderen Ländern ausgeübt wird. Neben einem afrikanischen Zebu-Hirten fällt ein Franzose besonders auf, denn er steht auf Stelzen, damit er den Überblick über seinen Viehbestand auch bei sehr hohem Gras nicht verliert.

TIPP Am 6. Januar findet das Hirtenfest statt und am 1. Sonntag im Mai das Schaffest.

Im Erdgeschoss wurde eine Ledergroßhandlung aufgebaut, die sogar noch nach dem damals verkauften Leder riecht. Außerdem kann sich der Besucher an Gerätschaften aus früherer Zeit erfreuen und sogar detektivisch tätig werden, denn nicht alle Exponate sind beschriftet. Ein herrliches Sammelsurium aus der Zeit unserer Großeltern! Über den Hof, der an den Sommerwochenenden zum Biergarten wird, kommt man in die Museumsscheune mit der modern konzipierten Ausstellung „Mensch und Tier". Hier besteht die Möglichkeit, sich interaktiv mit der Bedeutung der Nutztiere zu befassen, zum Beispiel mit der Wollge-winnung. Und damit sind wir zurück bei den Spinnerinnen, die schon einige Meter Garn fabriziert haben.

▶ **Deutsches Hirtenmuseum, Eisenhüttlein 7, 91217 Hersbruck, Tel. (0 91 51) 21 61**
www.deutsches-hirtenmuseum.de

Dabei sein ist alles

67 *Triathlon in Roth*

Hier steppt der Bär! Begeisterte Menschen, Stimmungsnester, Countdown Party, Finishline-Party, hier gibt es alles. Sport vom Feinsten und jede Menge Gaudi drumherum. Drei Tage steht Roth und Umgebung kopf, denn es ist Triathlon angesagt. Am Freitag und Samstag steht die Challenge-for-all auf dem Programm. Hier dürfen Jugendliche und alle, die sich berufen fühlen, Ausdauer und Kampfgeist beweisen. Das Highlight aber ist am Sonntag. Die größte Triathlonveranstaltung der Welt auf der Langdistanz wird um 6:30 Uhr gestartet. Rund 3.400 Einzelstarter und 650 Staffeln aus über 60 Nationen kämpfen um den Sieg. Bis dahin müssen sie 3,8 Kilometer im Main-Donau-Kanal schwimmen, 180 Kilometer Rad fahren und 42 Kilometer laufen. Unterstützt werden sie von einer Viertelmillion Zuschauer, für die alles bis ins Detail organisiert ist. Es gibt Pläne für den „perfect day", die nach unterschiedlichen Gesichtspunkten jeden Zuschauer glücklich machen wollen. Die erste Tour ist für diejenigen gedacht, die das Bad in der Menge suchen. Sie führt zu den Stellen, wo die meisten Zuschauer Platz finden und gemeinsam den Triathlon erleben können. Tour zwei ist ganz nah am Sportler und führt rechtzeitig an den Ort des Geschehens. Die letzte Tour ist die sportlichste, denn hier wird viel zu Fuß gegangen. Damit das alles reibungslos funktioniert, gibt es an markanten Stellen Parkplätze und von dort fahren Shuttlebusse zu den Wettkampforten. Damit man sich nicht langweilt oder Hunger und Durst leidet, bis die Wettkämpfer wieder vorbeikommen, werden an vielen Stellen Stimmungsnester installiert, wo Vereine oder Firmen Musik, Unterhaltung und Verköstigung anbieten, damit es dem Besucher an nichts fehlt. Einer der größten Hotspots ist der Marktplatz in Roth, an dem die Läufer mehrmals vorbeikommen, bevor sie in der Triathlon-Arena ins Ziel laufen. Hierher wird am Abend auch die Abschlussparty aus der Arena übertragen. Mit einem Feuerwerk endet ein Glückstag für Zuschauer und hoffentlich alle Athleten.

Triathlon-Park, Ratiborer Straße, 91154 Roth
www.challenge-roth.com

140

Glück nur für Damen?

 68 *Der Papierladen in Erlangen*

Inzwischen ist es ja ziemlich oldschool, Briefe oder Karten mit der Hand zu schreiben. Dennoch soll es Menschen geben, die es glücklich macht, Handgeschriebenes zu verschicken oder zu empfangen. Und diese Menschen treffen sich dann im Papierladen in der Wasserturmstraße in Erlangen. Das überschaubare Eckgeschäft besteht aus zwei miteinander verbundenen Räumen, die herrlich bunt und fröhlich den Kunden begrüßen. Motivgirlanden und Mobiles mit Papierfiguren schmücken die Räume. Auf dem Tresen steht ein Blumenstrauß, natürlich in einer Papiertüte, der sofort das Herz einer Kundin erfreut. 1000 Karten, aus Platzmangel in Schachteln aufbewahrt, für alle möglichen und unmöglichen Gelegenheiten und Briefpapier in allen Farben warten darauf, verschickt zu werden. Schön verpackte Geschenke zeigen bekanntlich Zuneigung und Wertschätzung, und deshalb gibt es hier Geschenkpapier ohne Ende, bunte Bänder, Schachteln und Papiertüten. Die Auswahl wird dadurch nicht leichter, aber die Freude, aus dem Vollen schöpfen zu können, größer. Wer gleich das passende Geschenk für das hübsche Papier sucht, muss sich nur ein bisschen umsehen. Schnell wird frau fündig. Dekoratives wie Girlanden, Vasen, Kartenhalter, bunte Schubladenboxen und Fensterbilder verführt zum Kaufen, aber auch Praktisches wie Magnete, bunte Blöcke, Buchstützen oder Brieföffner findet sicher Liebhaber. Für kreative Köpfe, egal ob groß oder klein, gibt es Bastelbögen, Malbücher, Origamipapier und Blankbooks.

Ute Burkart, die den Laden führt, ist gelernte Buchbinderin und bietet deshalb in Handarbeit hergestellte Fotoalben an, die vielleicht ebenfalls oldschool sind, inzwischen aber etwas Besonderes und Wertvolles. Sie macht auch Bucharbeiten nach Wunsch. So kann man sich ein Gästebuch passend zu seinem Event herstellen lassen und hat so ein einmaliges Erinnerungsstück.

Ein toller Laden, der vor allem offensichtlich Frauen glücklich macht, denn 90 Prozent der Kunden sind weiblich. Wann entdecken die Herren das Glück aus Papier?

Schönes aus Papier, Wasserturmstraße 14/Ecke Schiffstraße, 91054 Erlangen, Tel. (0 91 31) 97 98 55, www.papierladen-erlangen.de

Wandern „unten ohne"

69 *Spalter Barfuß-Wonnen-Weg Enderndorf*

„Schuhe aus und hinein ins blanke Vergnügen!", verspricht der Flyer des Barfußweges – und er hat recht. Am Infohäuschen an der Straße werden die Schuhe abgestellt, und das Vergnügen beginnt. Steine in Fußform weisen den Weg zum Barfußpfad. Gleich am Anfang geht es über verschiedene Stein- und Holzpflaster, wie man sie von daheim kennen mag, dann wird es für verwöhnte Schuhfüße etwas ungewohnter. Kleine und große Kieselsteine sorgen für die erste Sohlenmassage. Kaum haben die Füße diese Belastungsprobe überstanden, müssen die Zehen ihre Beweglichkeit beweisen. Am Boden ist eine Schnur befestigt, die mit den Füßen zu einer Schleife gebunden werden soll. Gar nicht so einfach, vor allem im Stehen! Dann geht es erst mal über gepflegten Waldboden etliche Stufen und Serpentinen bergab. Dabei achte der Barfußläufer auf den Weg, denn außer Tannennadeln gibt es wie in jedem Wald Wurzeln, woran sich die nackten Zehen leicht stoßen. Bald haben sich die Sohlen an den direkten Bodenkontakt gewöhnt und können die unterschiedlichen Reize mehr und mehr genießen. Es geht durch Wasser, Matsch, über Kirschkerne und Glasscherben, durch Sand und über Rinde – eine prächtige Massage der Fußreflexzonen. Beim Laufen auf Holzplöcken, beim Balancieren über Baumstämme und eine Hängebrücke ist neben der Fußgeschicklichkeit auch der Gleichgewichtssinn gefordert. Eigentlich wird der ganze Körper beim Barfußlaufen positiv beeinflusst. Um die Wohltat noch zu steigern, kann man sich im Kneippbecken den Kick für den Kreislauf holen. An einer Fühlstation werden die Hände aktiv, die ja auch nicht ganz vergessen werden wollen. Eine kleine Pause gefällig? Kein Problem! Auch daran wurde gedacht. Ein Platz mit Sitzpilzen und eine Lichtung mit Hängematten bieten die beste Gelegenheit zum Rasten und Genießen. Nach knapp zwei Kilometern ist der Fußurlaub vorbei. Am Waschbecken im Infohäuschen werden die letzten Waldbodenreste abgespült, dann geht es zurück in den Alltag oder weiter zu neuen Abenteuern.

TIPP Der Ausgangspunkt des Barfußwegs ist gut beschildert und findet sich westlich von Enderndorf nahe dem Großparkplatz und Wohnmobilstellplatz.

◉ **Spalter Barfuß-Wonnen-Weg, Enderndorf, Zum Igelsbachsee, 91174 Spalt**
www.barfusspark.info/parks/spalt.htm

144

Stöckchen stapeln

Legen Sie mit den Füßen zwei Stöckchen im Abstand von circa 15 cm parallel vor sich auf den Boden. Die nächsten beiden Stöckchen legen Sie waagerecht darüber, dann folgen wieder zwei senkrechte Stöckchen und wieder zwei waagerecht darüber – bis Sie alle zu einem kleinen Gitterkästchen aufgestapelt haben. Diese Übung fördert Ihren Gleichgewichtssinn und verbessert Konzentration und Geschicklichkeit. Wir wünschen einen ruhigen Fuß!

Zeitreise durch Franken

70 Freilandmuseum Bad Windsheim

Wie sah Franken vor einhundert, zweihundert Jahren oder noch viel längerer Zeit aus? Das Fränkische Freilandmuseum gibt die Antwort. Ein Besuch dort ist wie eine Reise zurück in die Vergangenheit. Durch eine mit Feldern, Gärten, Wiesen, Bachläufen und Teichen gestaltete Kulturlandschaft wandert der Besucher von einer Baugruppe zur nächsten. In diesen Gruppen werden Häuser aus einer Region wie zum Beispiel Regnitzfranken oder Altmühlfranken zusammengefasst. So hat man das Gefühl, ein Dorf nach dem anderen zu besuchen. Jedes Haus ist offen, möbliert und kann betreten werden. Und zu jedem Haus gehört ein Garten oder der Hof mit dem Misthaufen, auf dem selbstverständlich auch ein Hahn kräht. Das Mühlrad wird vom vorbeifließenden Bach gespeist und dreht sich, als ob es noch nie stillgestanden hätte. Die Werkstätten sind komplett eingerichtet, und wem das Glück hold ist, der kann einem Schuster beim Herstellen eines Holzschuhs zusehen, einen Schmied beim Formen von Hufeisen beobachten oder Frauen beim Spinnen oder Weben über die Schulter schauen. Übers Jahr verteilt wird einiges zur Information und zum Vergnügen veranstaltet. Mit Ausstellungen, Konzerten, Lesungen, Kino, Theater, Vorträgen, Kursen, Führungen, Märkten und Festen begeistert das Museum den Besucher.

Auch wenn das Leben hier nachgestellt ist, die Häuser sind original. Sie wurden an ihrem ursprünglichen Standort Stein für Stein und Balken für Balken zerlegt, jedes Teil wurde nummeriert und hier im Museumsdorf wieder aufgebaut und restauriert. So wurde alten, vielleicht auch schon baufälligen Häusern neues Leben eingehaucht und die Bausubstanz für die nächsten Generationen gerettet.

Wer nach der langen Zeitreise hungrig und durstig ist, wird sich über die drei Museumsgasthäuser freuen und in einem davon einkehren. Dort wird dann bei fränkisch-deftigem Essen darüber diskutiert, wer wohl glücklicher lebt(e). Die Menschen damals in ihrem einfachen beschränkten Lebensraum oder wir heute mit all unseren Möglichkeiten?

● Fränkisches Freilandmuseum, Eisweiherweg 1, 91438 Bad Windsheim, Tel. (0 98 41) 6 68 00
www.freilandmuseum.de

Bahnhof! ca. 3 Std.

Kräuterverführung

 71 *Greuther Teeladen in Vestenbergsgreuth*

Kaum ist die Autotür geöffnet, ist der gesamte Innenraum von einem Duft nach Kamille erfüllt. Ganz unwillkürlich beginnt man zu schnuppern und genießt das zarte Aroma, das eigentlich so gar nicht zu der imposanten Fabrikanlage passt, die sich entlang der Straße ausbreitet. Seit 1930, als Martin Bauer sein Kräuterverarbeitungswerk gründete, werden hier Kräuter aus aller Welt geschnitten und zur Weiterverarbeitung als Tee, für Getränke, als Phytopharmaka und Nahrungsergänzungsmittel vorbereitet.

Gleich hinter dem Verwaltungsgebäude befindet sich der liebevoll angelegte und gepflegte Kräutergarten der Martin Bauer Group, wie die Firma heute heißt. Über 90 Kräuter sind zu bewundern, ordentlich sortiert nach ihren Indikationsgebieten. Gegen Magen-Darm-Beschwerden, gegen Erkältung oder Schlafstörungen, gegen jedes Leiden wächst hier ein Kraut. Von heimischen Pflanzen wie Kamille bis zu Exoten wie Cayennepfeffer reicht die Palette. Ein Beet mit Duftkräutern verströmt sein Aroma, ein anderes ist mit giftigen, aber medizinisch wertvollen Kräutern bepflanzt. Im Zentrum des Gartens hat der Firmengründer Martin Bauer ein Denkmal bekommen. Als Bienenbeute hat ihn die Künstlerin Birgit Maria Jönsson nachgebildet. Im Inneren beherbergt die Figur mehrere Bienenvölker, die im Kräutergarten reichlich Nahrung finden.

TIPP Führung oder Vortrag im Kräutergarten und mit dem Fahrrad den Kräuter-Rundweg (24 km) erkunden.

Was aus den Kräutern entsteht, wird gleich nebenan im Teeladen angeboten. Da schlägt das Herz eines jeden Teeliebhabers höher. Am besten man beginnt mit einer Tasse Tee, die zur Verkostung angeboten wird. Das entspannt und macht Lust, sich im Laden umzusehen. Zwischen den vielen eigenen Teemischungen steht der berühmte 1:0-Tee, der als Erinnerung an den sensationellen Sieg des Regionalligisten TSV Vestenbergsgreuth gegen den deutschen Meister 1. FC Bayern im DFB-Pokal 1994 auf den Markt gebracht wurde. Daneben wird auch Tee von anderen Herstellern angeboten, außerdem Gewürze, Naturkost, Naturkosmetik und natürlich Teezubehör. Ein Glücksort für jeden Teetrinker!

● **Greuther Teeladen, Dutendorfer Straße 5–7, 91487 Vestenbergsgreuth**
www.greuther-teeladen.de

Greuther Teeladen

1:0 -Tee

aromatisiert

Zutaten: Hibiskus, Äpfel, Orangen-
schalen, Hagebutten, Holunderbeeren,
Vitamine (siehe Rückseite),
Aromen

200g

Früchtetee

Greuther Teeladen

Greuther Teeladen

1:0 Tee

Früchtetee aromatisiert

1:0 Tee

Früchtetee aromatisiert

FT-"Eins-Null", arom. 200 g	€ 2,89
200 g	
6000/2230086	
1 VE = 1,00 g	
230086	100 g = € 1.45

FT-"Eins-Null", arom. 100 g	€ 1,89
1 St	
5000/2230213	
1 VE = 1.00 St.	
230213	100 g = € 1,89

Greuther Teeladen

Exotik
aromatisiert

Greuther Teeladen

Exotik
aromatisiert

Exotik
aromatisiert

Weiß wie Schnee – rot wie Blut

72 *Kirschen in Kalchreuth*

Zweimal im Jahr muss der Kirschenfreund nach Kalchreuth fahren. Einmal im Frühjahr, um die Kirschblüte zu bestaunen, und einmal im Frühsommer, wenn die reifen Früchte verkauft werden. Kalchreuth liegt auf der Höhe und bietet einen herrlichen Rundumblick über die hügelige fränkische Landschaft. Besonders reizvoll ist die Aussicht, wenn die Kirschbäume rund um den Ort in voller Blüte stehen. So muss Frühling aussehen! Weiße Blüten soweit das Auge reicht. Ein Traum in Weiß! Hier wurzeln die alten hohen Kirschbäume auf Streuobstwiesen, nicht die bequem zu erntenden, kleinen Bäumchen, die in Plantagen in Reih und Glied stehen. Und weil es so schön ist, hat die Gemeinde einen Kirschenweg eingerichtet. Er verläuft durch die Kirschgärten und um den idyllisch gelegenen Sklavensee. Unterwegs informieren sechs Infotafeln über die Kirschen und den Ort, und sieben Mitmachstationen wie die Lauschecke oder die Kirschsortendrehscheibe bieten Unterhaltung und Information. Man kann sich aber auch auf der Wiese unter einen blühenden Baum setzen und von den süßen Kirschen träumen, die in zwei Monaten reif werden.

An einem Sonntag Anfang Juli, wenn aus den weißen Blüten saftige rote Kirschen geworden sind, findet im Kirschgarten am Ortsende die „Kerschterkerwa" statt, ein Fest rund um die Kirsche. Fröhlich gestimmte Menschen sitzen unter Bäumen, essen Kirschkuchen oder Kirscheis, trinken Kirschsecco, hören der Musik zu und schauen hinüber zur Fränkischen Schweiz, die nicht weit entfernt ist. Inzwischen vergnügen sich die Kinder beim Kirschkernweitspucken. Auf dem Heimweg nimmt fast jeder ein Körbchen voller Kirschen mit. Dabei hat man dann die Qual der Wahl, denn vor fast jedem Haus ist ein Stand aufgebaut, an dem die Früchte verkauft werden. Es gibt Sauerkirschen, helle, rotgelbe Sorten, dunkelrote, und die dicken, süßen Herzkirschen bilden den krönenden Abschluss der Kirschsaison. Und daheim gibt es dann ein „Kirschenmännla", also einen Kirschenauflauf mit Brot.

⦿ **Kirschgartenweg, Parkplatz Erlanger Straße, 90562 Kalchreuth**
www.kalchreuth.de

Hier wird Sprache sichtbar

73 *Das Museum Wolfram von Eschenbach*

Wolfram von Eschenbach war der berühmteste deutsche Dichter des Mittelalters. Trotzdem gibt es von ihm keine Urkunden und keine Gegenstände. „Dieses „Nichts" war die Ausgangslage für die Errichtung des Museums", heißt es im Einführungstext des Audioguides. Entstehen sollte ein Museum, das dem Besucher eine „Inszenierung" anbietet, „die mit Architektur, Licht, Farben, Formen, Texten, Schrift und Materialien ein begehbares Werk dieses Dichters schafft" und sein Leben und die Rezeptionen veranschaulicht. Es ist schwer vorstellbar, dass es Besucher gibt, die von der Präsentation nicht begeistert sind und sich nicht animiert fühlen, einzutauchen in die Person und vor allem das Werk des Wolfram. Gleich zu Beginn symbolisiert ein dunkler Raum die Unkenntnis über das Leben des Dichters. Nur die wenigen Aussagen über sich selbst bringen ein paar Lichtreflexe ins Dunkel. Viel Platz ist dem Hauptwerk „Parzival" gewidmet. Mit allen möglichen bildnerischen Mitteln wird die komplizierte Lebensreise Parzivals auf der Suche nach dem Gral und die Aufnahme in die Tafelrunde am Hofe Artus' verdeutlicht. Die mittelalterliche Sprache lernt man durch Textausschnitte aus dem Werk kennen. Weitere Räume widmen sich den Werken „Titurel" und „Tagelieder", die sich mit den Themen Liebe, Trennung und Tod beschäftigen. Im „Willehalm" wird das Leben der Ritter entglorifiziert, denn beim Kampf Christen gegen Heiden geht es nur um Grausamkeit und Tod. Am Ende der Ausstellung wird dem Besucher bewusst gemacht, dass Wolframs Werk keineswegs veraltet ist. Besonders bekannt ist wohl Wagners Oper „Parsifal", die auf der Parzivalgeschichte beruht. Auch Schriftsteller wie Peter Handke haben das Thema verarbeitet.

Das Museum in Wolframs-Eschenbach bietet seinen Besuchern eine ausgezeichnete Möglichkeit, in das Thema einzusteigen oder sich weiter damit auseinanderzusetzen. Und wer nur hingeht, um eine tolle Ausstellung kennenzulernen, wird auch nicht enttäuscht werden.

TIPP

Ein Spaziergang durch die kleine Stadt mit der gut erhaltenen Stadtmauer lohnt sich.

▶ **Museum Wolfram von Eschenbach, Wolfram-von-Eschenbach-Platz 1, 91639 Wolframs-Eschenbach, Tel. (0 98 75) 97 55 34, www.wolframs-eschenbach.de**

Das Glück der Erde

 Pferdehof Steinhauser in Dietersheim

Der Stall ist leer, denn allen 13 Pferden gefällt es trotz Regen auf dem Hof oder dem Reitplatz viel besser. Zwei Schimmel knabbern an dem Heu, das in einem Riesennetz auf dem Hof hängt, und lassen sich dabei nicht stören. Als wir den Reitplatz betreten, kommen die übrigen Pferde neugierig näher. Bis auf eines haben sie eine wenig Furcht einflößende Größe, sodass man sich auch als Nichtpferdekenner heranwagt. Besonders zutraulich gibt sich ein dunkles Pony. Flunki stupst, knabbert an Hand und Jacke, lässt sich streicheln und stellt sich wie ein treuer Freund neben mich. Da bleibt er jetzt stehen, als wollte er zeigen, dass er diesem Menschen vertraut. Eine gefleckte Stute gibt sich ein bisschen aufmüpfig und wird von Sabine Keilwerth, der Besitzerin, Reitlehrerin und Reittherapeutin, streng zurechtgewiesen. Das Pferd sei noch jung und gerade in der Pubertät, erklärt uns Sabine ihre Strenge. Nachdem wir die Pferde kennengelernt haben, erzählt sie von ihrer Arbeit. Kinder und Erwachsene können auf ihrem Hof das Reiten ohne Trense erlernen. Sie legt viel Wert auf Achtsamkeit und sanfte Kommunikation zwischen Mensch und Pferd. Deshalb müssen die Reitneulinge erst einmal „pferdisch" lernen, damit das mit der Kommunikation auch klappt. Schon als Besucher spürt man die Ruhe und die Kraft, die die Pferde ausstrahlen. Das nutzt Sabine Keilwerth für ihr Coaching. Führungskräfte können mithilfe der Pferde ihre Leadership-Qualitäten verbessern. Menschen in schwierigen Lebenssituationen, egal ob Kind oder Erwachsener, stärken im Umgang mit den Tieren Körper, Geist und Psyche.

Schade, dass wir wieder gehen müssen. Die Pferde, ein kleiner Havaneser, der verstrubbelt, klatschnass und mit Gras bedeckt von einem Ausflug zurückkommt, der Hahn, der so laut kräht, dass man sein eigenes Wort kaum versteht, machen den Abschied nicht leicht. Das Glück der Erde liegt eben doch auf dem Rücken der Pferde. Vielleicht sollte man mal eine Reitstunde bei Sabine nehmen.

***

Pferdehof Steinhauser Sabine Keilwerth, Lindenweg 3, 91463 Dietersheim–Dottenheim, Tel. (0 98 46) 15 31, www.pferdehof-steinhauser.de

In vino veritas

 75 *Weingut Hofmann in Ipsheim*

„Wein ist vom Sonnenlicht gebändigtes Wasser", dieser Satz von Galileo Galilei strahlt vom Infoscreen in der Vinothek der Familie Hofmann. Das Sonnenlichtwasser haben sie in Flaschen gefüllt und bieten es zum Verkauf an. Natürlich darf man die Weine, die mit den Buchstaben J für „jung und lebendig", F für „feinfruchtig und klar" und S wie „selektiv und vielstimmig" klassifiziert werden, auch verkosten. Schon beim Eingießen wird deutlich, dass Galileo gut beobachtet hat. Leuchtend wie Sonnenschein funkelt der Wein im Glas und verströmt sein angenehm fruchtiges Aroma. Trocken sind sie ja schon, die Frankenweine, und die Säure ist unverkennbar, aber wer es gern zuckerarm hat, ist hier genau richtig. Der Silvaner der F-Klasse hat sogar 0 % Restzucker. Etwas mehr Süße bringt der Eiswein ins Glas. Dafür ist er, weil extrem witterungsabhängig, eher selten. Natürlich bauen die Hofmanns auch Rotweine aus, und sogar Sekt ist im Sortiment.

All das ist wunderbar präsentiert in der sehr geschmackvoll ausgestatteten Vinothek. Einzelne Flaschen in beleuchteten Wandnischen erinnern an Skulpturen in einer Ausstellung. Modern-floral dekorierte Weingeschenke warten auf einen Liebhaber. Neben dem Weinregal steht ein fast raumhohes Kunstwerk aus Rebenholz. Nichts könnte passender sein. Eine solche Umgebung ehrt den Wein, der hier verkauft wird.

TIPP *Die Unterlage zum Wein bekommt man im „Goldenen Hirschen" in Lenkersheim.*

Und wer immer noch glaubt, dass trinkbare Frankenweine nur aus Unterfranken stammen können, wird hier eines Besseren belehrt. Auch in Mittelfranken wird ordentlicher Wein gekeltert, obwohl einer der fünf Hofmann'schen Weinberge, wie ich gestehen muss, in Unterfranken liegt, aber ganz am Rand. Damit die Weintrinker noch glücklicher werden, bietet das Weingut Hofmann Spaziergänge durch die Ipsheimer Weinberge an, Menüs mit Weinbegleitung im Restaurant oder auf dem Weingut und natürlich Verkostungsevents in der Vinothek und im Weinkeller. Hat der Connaisseur dabei seinen Tropfen gefunden, kann er sich auf glückliche Stunden daheim beim Wein freuen.

⊙ **Weingut Hofmann, Oberndorfer Straße 20, 91472 Ipsheim, Tel. (0 98 46) 7 27**
www.wein-hofmann.de

Dieser Garten macht glücklich

 76 *Bärbels Garten in Thalmässing*

„Mein Garten ist ein Garten für alle Sinne", sagt Barbara Krasemann über ihre 8500 Quadratmeter große Anlage. Und wer diese grüne Traumlandschaft gesehen und Bärbels grandiose Führung mitgemacht hat, weiß, sie hat recht.

Vor über 30 Jahren hatte sie die Idee, aus einer Schafweide einen Garten zu zaubern. Es begann mit einem Plan für elf Gartenzimmer, Samen und kleinen Stecklingen. Inzwischen sind die Gartenzimmer bezugsfertig, brauchen aber immer noch den Grünen Daumen, damit alles schön und gesund bleibt. Chemie hat in diesem Garten keinen Platz. Hier sorgt die Natur für das Gleichgewicht von Schädlingen und Nützlingen. Nur die Schnecken im Gemüsegarten brauchen ein bisschen Handarbeit, damit sie von den alten Gemüsesorten fernbleiben. Lassen sich Schädlinge nicht auf natürlichem Weg beseitigen, muss die Pflanze gehen. „Nur die Harten kommen in den Garten", lautet das Credo von Barbara Krasemann. Nur so lässt sich ein Garten, der nicht nur Zierde, sondern auch Nutzgarten ist, ohne Gift am Leben erhalten. Und deshalb gibt es außer dem Obst-, dem Gemüse- und Kräutergarten auch eine Freiluftküche zur Verarbeitung der Ernte. Ein Herbstgarten, eine Magerwiese, ein Alpinum, ein Schattengarten und ein Schmetterlingsgarten bilden die anderen Zimmer. Hier gedeihen so seltsame Pflanzen wie die Indianerbanane oder Nashi, aber auch ganz normale wie Kiwi oder Äpfel und natürlich Rosen und andere Blumen. Es ist ein Garten entstanden mit einer riesigen Vielfalt an Pflanzen, der vielen Tieren einen Lebensraum bietet, aber auch Ruheoasen für den Menschen. In jedem Gartenraum gibt es Verweilplätze, im Wassergarten natürlich einen Badeteich, den man allerdings schon mal mit einem Frosch oder einem Wasserläufer teilen muss. Aber in diesem Paradies ist Platz für alle.

Es fällt sehr schwer, sich aus Bärbels Garten zu verabschieden. Wäre es nicht pures Glück, wenn man sich seinen Lieblingsplatz auswählen und jederzeit zum Auftanken oder Genießen vorbeikommen könnte?

TIPP Vor oder nach der Gartenführung eine Pause in der Schlossschänke Eysölden, Eysölden G7, 91177 Thalmässing einlegen.

Bärbels Garten, Dixenhausen 23, 91177 Thalmässing, Tel. (0 91 73) 7 88 86
www.baerbels-garten.de

Wohnzimmer von Heilsbronn

 77 *Der Münsterplatz in Heilsbronn*

Das Wohnzimmerfeeling stellt sich schon ein beim Betreten des Münsterplatzes, der ein Gefühl von Geborgenheit vermittelt. Eingebettet liegt der Platz zwischen dem mächtigen Münster und den übrig gebliebenen Gebäuden des ehemaligen Zisterzienserklosters. Aus der erhöhten Position des oberen Platzes blickt man auf eine Gestaltung, die durch ihre geometrische Schlichtheit fasziniert. Drei Stufen verbinden die beiden Platzteile und laden ein zu einer Pause. Von hier aus blickt man auf den Garten an der Stelle des ehemaligen Kreuzgangs. Die quadratische Anlage verband das Münster mit dem Dormitorium und dem Refektorium. Der Weg markiert die Lage des Kreuzgangs und ist mit handgemachten Ziegeln belegt, die dem historischen Vorbild nachempfunden sind. Am Rand zum Innenraum sind Sitzpoller aufgestellt, die gleichzeitig der Beleuchtung des Weges am Abend dienen. Der ehemalige Kreuzganggarten nimmt in seinen Beeten die quadratische Form auf. In der Mitte der Südseite sind vier Quadrate für den Brunnen ausgespart, dort wo einst das Brunnenhaus des Klosters stand. Der Brunnen ist der Eyecatcher

TIPP Das Münster ist wegen seiner Hohenzollerngräber und seiner Schlichtheit im Innern auf alle Fälle einen Besuch wert.

des Platzes. Dietrich Förster hat diesen dreischaligen Brunnen aus acht Millimeter dicken, miteinander verklebten Weißglasscheiben entworfen. Die schlichte geometrische Form der gleichgroßen Schalen passt hervorragend zur Architektur des Platzes. Der Künstler beschreibt die Funktion seines Brunnes so: „Aus dem Boden quellendes Wasser steigt im Inneren des Glasbrunnens auf, tritt oben sprudelnd aus und füllt die erste Schale. Das Wasser läuft an deren Außenwand nach unten, fließt um die Unterkante und fällt in die darunterliegende Schale." Bernhard von Clairvaux, der Ordensgründer der Zisterzienser sah den Schalenbrunnen als Symbol: „Die Schale ahmt die Quelle nach. Erst wenn sie mit Wasser gesättigt ist, strömt sie zum Fluss, wird sie zur See. (...) Du tue das Gleiche!" Darüber kann man gut nachdenken, wenn man am Abend auf der Treppe sitzt, den beleuchteten Garten und den von innen heraus strahlenden Brunnen ansieht.

Münsterplatz, 91560 Heilsbronn, Infos über Amt für Kultur und Tourismus, Kammereckerplatz 1, 91560 Heilsbronn, Tel. (0 98 72) 8 06 51
www.heilsbronn.de

Kreatives Füllhorn

78 *Die Manufaktur in Ansbach*

Kreativ, handgemacht und individuell sind die Werkstücke von Angelika Stegmayer und Heike Schwarz, die den besonders kreativen Laden, die „Manufaktur", gegründet haben. Hier werden Kunstwerke hergestellt und verkauft. Heike Schwarz bedient den Bereich Wolle und Stoff. Sie strickt und näht Taschen, die auch aus Kaffeetüten sein dürfen oder an den Lenker des Fahrrads gehängt werden. Dazu noch viele andere hübsche und praktische Dinge. Und wenn das Herz etwas begehrt, was nicht vorhanden ist, wird es wunschgemäß angefertigt. Die Leidenschaft von Angelika Stegmayer ist das Papier. Sie verkauft ihre individuellen Geschenkschachteln und Karten, gibt aber ihr Können in Workshops gerne an Erwachsene und Kinder weiter. Mit ihnen fertigt sie zum Beispiel besondere Glückwunschkarten, wie sie in keinem Geschäft zu kaufen sind.

Inzwischen haben sich bei den beiden Gründerinnen drei weitere Damen eingemietet. Eine Modistenmeisterin hat ihr Atelier im Obergeschoss eingerichtet und verschönt jeden Kopf mit dem passenden Hut oder einem zierlichen Faszinator. Manchmal kann man ihr sogar bei der Arbeit zusehen. Eine Lederkünstlerin beeindruckt mit ihren Ledermasken, den gepunzten Gürteln, Schmetterlingshaarspangen und Lederschmuck. Die dritte Untermieterin stellt aus Filz Filigranes, Schmückendes und Praktisches her. Auch sie hält im Laden Workshops ab.

Damit auch andere kreative Menschen eine Möglichkeit finden ihre Kunstwerke anzubieten, vermietet die Manufaktur Regalbretter. Für fünf Euro im Monat bekommt der Kunsthandwerker einen Regalplatz, in dem er seine Werke zur Schau stellen kann. Allerdings nehmen die Damen nicht alles. Sie wollen Vielfalt bieten, und in jedem Regal sollte etwas Einzigartiges stehen. Dass dem so ist, davon kann sich jeder überzeugen, wenn er dem Laden einen Besuch abstattet und glücklich mit etwas Hübschem wieder verlässt. Hat jetzt jemand Lust, seine Kunstwerke in Ansbach auszustellen und zu verkaufen? Viel Erfolg!

· ·

▶ Die Manufaktur, Neustadt 34, 91522 Ansbach, Kontakt über Facebook: Die Manufaktur Ansbach
▶ ÖPNV: Buslinie 753 oder 756 Haltestelle Promenade

162

Immer noch radlos?

 ## *Radtour um den Kleinen Brombachsee*

Rauf aufs Rad und los geht's! Damit es nicht zu anstrengend wird – man will ja glücklich ankommen und nicht völlig erschöpft – geht es zuerst einmal um den Kleinen Brombachsee, eine schöne Runde zum Eingewöhnen für untrainierte Beinmuskeln.

Vom Startplatz in Enderndorf führt der Weg über die Trennmauer zwischen Brombachsee und Igelsbachsee, den etwas radlgewohntere Menschen gleich mit umrunden können. Ansonsten geht es in Ufernähe weiter bis zur Seespitz und über die Badehalbinsel, bis man nach sieben Kilometern das Seezentrum Langlau erreicht und erst mal eine wohlverdiente Pause einlegen kann. Zwei Gaststätten verwöhnen die ausgedörrte Kehle und den knurrenden Magen. Um sich für die Weiterfahrt zu rüsten, empfiehlt sich eine Siesta auf der Wiese unter Schatten spendenden Bäumen oder ein Sprung ins erfrischende Nass. Wer es gar nicht lassen kann, auf Pedale einzutreten, darf im Tretboot den auf dem Fahrrad zurückgelegten Weg vom Wasser aus wohlwollend bestaunen. Aber wer die Abwechslung liebt, spielt eine Runde Minigolf. Dann geht's wieder aufs Rad, denn das Ganze soll ja eine Radtour werden. Nach wenigen gestrampelten Kilometern bemerkt man ein eingezäuntes Waldgebiet. Spätestens dann, wenn der vorsorgende Radfahrer Brot oder rohe Nudeln in die Nähe des Zaunes bringt, bemerkt er, dass dahinter etliche Wildschweine leben, die, über die Aussicht auf Futter erfreut, grunzend zum Zaun eilen. Ein kleines Stück nach den Wildschweinen blickt ein seltsames Gebilde auf den See hinaus. Beim genaueren Hinsehen erkennt man ein hoch aufgerichtetes Krokodil auf das ihm wohl wenig vertraute Gewässer blickend. Bald darauf hat der/die tapfere Radler(in) die Staumauer zwischen Kleinem und Großem Brombachsee erreicht. Diese gilt es zu überqueren, um zum Ausgangspunkt der Tour zurückzukommen. Glücklich und zufrieden mit der erbrachten Leistung dürfen Drahtesel und Reiter den Feierabend genießen. Wenn der Muskelkater später nachgelassen hat, geht es dann um den Großen Brombachsee.

◉ Radtour um den Kleinen Brombachsee
◉ Start: Parkplatz Gasthof Brombachsee, Freiherr-von-Harsdorf-Straße 30, 91174 Spalt

Hot & spicy

80 *Annas Schaschlik Haus in Fürth*

Bisher musste man monatelang warten, bis es wieder mal ein „saugutes" Schaschlik zu essen gab, entweder bis zur Fürther Kerwa oder zum Christkindlesmarkt in Nürnberg. Seit einiger Zeit hat sich das sehr vorteilhaft geändert, und die köstlichen Spieße sind fast das ganze Jahr über zu genießen. Denn jetzt hat Anna Dinkel einen festen Stand auf dem Fürther Markt.

Den Fürther Markt gibt es seit Mai 2019. Mitten in der Stadt, gleich neben der „Neuen Mitte", direkt an der Dr.-Konrad-Adenauer-Anlage, einem kleinen Park mit Wasserspielen und Kinderspielplatz, hat der Markt eine Toplage. Das verlangt natürlich auch nach einem Topangebot. Und das findet man auch. Feste Stände aus den Bereichen Feinkost, Gastronomie und Obst/Gemüse werden ergänzt durch mobile Stände mit wechselnden Anbietern. Auf der markteigenen Homepage hofft die Stadt, dass ihr Markt zum „LieblingsSchlemmerSchlenderVerweilmarkt" der Einheimischen und der Gäste wird. Und so schlendert der Schlemmer dann über den Markt, probiert hier ein Gläschen Wein, kauft ein bisschen Obst und verkostet die eine oder andere Leckerei.

Dann geht es zurück zu Annas Schaschlik. Weil es gleich neben ihrem Stand Nummer fünf ein Glashaus mit Tischen und Bänken gibt, speist es sich auch im Winter oder bei Regen warm und trocken. Ansonsten sitzt oder steht man neben dem Stand oder trägt seine Mahlzeit ein paar Meter weiter in die Adenauer-Anlage und genießt sie auf dem Rasen unter Bäumen. „In meinem Schaschlik steckt mein ganzes Können. Köstlich saftig, würzig und zart ist es mein Lieblingsessen und das meiner Kunden." So wirbt Anna Dinkel für ihr Produkt. Und dem ist eigentlich nichts hinzuzufügen. Sollte jemand mal keinen Schaschlikhunger haben, kann er sich auch an anderen Fleischgerichten satt essen oder lecker belegte Brote genießen. Am Freitag wird neben Fischbrötchen sogar frischer Lachs angeboten.

Satt und zufrieden, plant man gleich den nächsten Besuch auf dem Lieblingsmarkt und trifft sich ganz bestimmt in Annas Schaschlik Haus.

Annas Schaschlik Haus, Rudolf-Breitscheid-Straße 13–15, 90762 Fürth
www.fuerther-markt.de

Bibliografische Informationen der Deutschen Nationalbibliothek
Die Deutsche Nationalbibliothek verzeichnet diese Publikation in der Deutschen Nationalbibliografie;
detaillierte bibliografische Daten sind im Internet über http://dnb.d-nb.de abrufbar.

© 2020 Droste Verlag GmbH, Düsseldorf
2. Auflage 2021
Konzeption/Satz: Droste Verlag, Düsseldorf
Einbandgestaltung und Illustrationen: Britta Rungwerth, Düsseldorf unter Verwendung von Bildern von
© Fotolia.com: jd – photodesign.de; © iStock: Plociennik Robert
Fotos: Heike Burkhard, außer:

S. 17: Tourist-Information Dinkelsbühl; S. 31: Brigitte Hanek-Ures; S. 33: Karsten Wiese; S. 37: © Otto Durst –
stock.adobe.com; S. 43: Klaus-Dieter Heumann; S. 45: Stadt Altdorf - Ulf Böttcher; S. 47: Fallschirmspringerclub
Neustadt/Aisch – Peter Schmitt; S. 53: Lyle Buhmann im Auftrag des Golf-Club Herzogenaurach; S. 59: Comödie Fürth;
S. 67: Stadt Ansbach; S. 79: Faber-Castell; S. 81: Stadt Weißenburg/Ralph Goppelt; S. 87: Wikimedia CC BY-SA 3.0,
Aarp65; S. 99: Spielbanken Bayern, München; S. 107: Blockhelden; S. 111: MuseenWeißenburg/Mario Bloier;
S. 129: Wikimedia CC BY-SA 3.0, Cku; S. 131: Studio Waldeck, Scheinfeld; S. 137: Wikimedia CC BY-SA 3.0,Derzno;
S. 141: www. challenge-roth.com; S. 155: Pferdehof Steinhauser; S. 161: Ralf Hanisch; S. 163: Angelika Stegmayer

MIX
Papier aus verantwor-
tungsvollen Quellen
FSC® C011279

Druck und Bindung: LUC GmbH, Greven
ISBN 978-3-7700-2157-4

www.droste-verlag.de